本书由鲁东大学科研基金项目、鲁东大学学科建设经费和教育部"留学回国人员科研启动基金"（2014–1685号）资助

领导力、知识共享与组织绩效研究

知识共享行为的媒介效果及员工文化倾向的调节作用

Lingdaoli Zhishi Gongxiang Yu

Zuzhi Jixiao Yanjiu

奇海兰 著

中国社会科学出版社

图书在版编目（CIP）数据

领导力、知识共享与组织绩效研究：知识共享行为的媒介效果及员工文化倾向的调节作用/奇海兰著.—北京：中国社会科学出版社，2019.3

ISBN 978 – 7 – 5203 – 2622 – 3

Ⅰ.①领…　Ⅱ.①奇…　Ⅲ.①企业领导学—研究②企业管理—知识管理—研究③企业绩效—企业管理—研究　Ⅳ.①F272

中国版本图书馆 CIP 数据核字（2018）第 117849 号

出 版 人	赵剑英	
责任编辑	卢小生	
责任校对	周晓东	
责任印制	王　超	

出　　版	中国社会科学出版社	
社　　址	北京鼓楼西大街甲 158 号	
邮　　编	100720	
网　　址	http：//www. csspw. cn	
发 行 部	010 – 84083685	
门 市 部	010 – 84029450	
经　　销	新华书店及其他书店	

印　　刷	北京明恒达印务有限公司	
装　　订	廊坊市广阳区广增装订厂	
版　　次	2019 年 3 月第 1 版	
印　　次	2019 年 3 月第 1 次印刷	

开　　本	710×1000　1/16	
印　　张	7	
插　　页	2	
字　　数	102 千字	
定　　价	35.00 元	

前　言

  2018 年，"共享经济体"被应用到我们生活的各个层面，共享单车、共享雨伞、共享充电宝、共享汽车，等等。与此同时，很多经济学专家都说："其实我们现在看到的这些共享经济体，只不过是共享经济的初级阶段，未来共享经济还会盛行到更多领域，毫不夸张地说，可以渗透到我们生活的各个领域。"在企业管理中，知识管理是组织获取持续竞争优势的手段，知识共享作为知识管理的核心内容之一，被看作是提升组织绩效的重要手段，对提升组织绩效具有重要意义。知识共享被认为是发挥知识效用最为关键的方式之一，许多组织都试图通过推行各种措施及政策来促进员工的知识共享行为。在实践中，知识共享是组织发展过程中的一个难点，知识拥有者的意愿不足、知识接收者的面子意识、知识共享缺乏氛围等因素都可能形成知识共享的障碍。这些问题引起了理论界和实务界的广泛关注。

  企业内部知识共享是个体、团队和组织环境之间复杂的互动结果。人格特质、领导行为、组织文化与人力资源管理政策等因素均会影响知识共享。目前，对影响组织内部知识共享要素分析的相关研究大部分还停留在企业制度、工作程序、评价以及补偿、情报技术传递方式等方面。同时，目前，组织知识共享的研究大多关注组织层面的知识管理工具对知识挖掘、搜寻、传递和储存的效用、组织氛围等组织文化对知识共享的影响，较少关注微观因素的影响，如互惠、信任、社会网络关系等，而且也缺乏对个体和组织因素在激发员工知识共享行为方面的研究。

  目前，在全球化环境中，跨国企业面临着在不同环境下管理各种各样的知识问题。随着管理环境的全球化、员工年龄结构及价值观等变化，信息量以及知识的有效管理是需要跨国公司去解决的问题。跨国企业既需要积极吸取新的知识与技术，更需要使已有的知识在组织内共享来提高组织绩效。在国际经营管理领域中，知识管理一直被认为是跨国公司的难题之一。在跨文化环境下的知识共享，由于人们之间存在语言障碍、价值观、宗教信仰和行为方式等差异，比相同文化背景下的知识共享要复杂得多、困难得多。

因此，本书重点基于社会层面的文化价值观，以跨国企业中的中国员工为对象，分析员工个人和团队知识共享行为、组织绩效产生的影响机制、员工个人的文化倾向以及交易型领导力和变革型领导力在知识共享行为影响机制中的调节作用，并对跨国企业在中国生产经营方面提供了有针对性的实践建议。

本书的许多想法和观点的形成得益于韩国崇实大学管理学院李相昊教授的指导。感谢李教授的悉心指导。本书在研究与写作过程中借鉴了众多国内外学者的相关研究成果，在此对有关作者表示衷心的感谢。

此外，本书的出版得到了鲁东大学商学院的支持。感谢鲁东大学科研基金项目和鲁东大学学科建设经费、"教育部留学归国人员科研启动经费"的资助。

最后，感谢中国社会科学出版社卢小生先生的大力支持。

目　　录

第一章 绪论

第一节 研究背景与问题

一 研究背景

在知识经济时代，知识作为组织最有价值的战略性资源和核心生产要素之一，在企业发展中的地位与作用日益提高，越来越多的企业通过知识管理来提升自身的竞争优势（Wang et al., 2014）。知识作为重要的生产要素，重新与劳动相结合，在管理领域引发和催生了一系列变革，人本管理、扁平化浪潮、学习型组织等新思想涌现就是典型例证。如何快捷便利地获取、利用信息与知识，突破资源、环境的重要阻碍，增进组织内知识共享，是当今管理者面临的难题之一（李保明，2016）。知识共享管理已经成为企业知识管理中不可缺少的一环。以知识为基础的企业理论认为，知识是能够创造持续竞争优势的关键资源。企业的知识管理实践成为企业构筑竞争优势的关键，而知识共享是知识管理的核心。如何使知识资源在组织内部员工之间自由流动，实现高效、充分的共享，是现代组织知识管理实践中亟待解决的问题。

从长远来说，只有个体层面的知识升华为团体层面的知识，才能实现其经济和竞争价值，最终有助于组织的长久成长。知识共享作为一个独特的、有价值的和关键的行为，是知识收集、转移、整合与创造等得以实现的前提和基础。但是，由于知识被认为是有价值和重要的竞争资源，将其与他人共享可能会造成个人竞争优势的丧失，因此，个人往往缺乏主动地进行知识共享的意愿，同时有些通过自身习得、感悟到的知识也是很难与他人共享的。知识共享实践中存在很多阻碍因素。因此，如何使组织成员愿意把知识拿出来与他人分享，是一个富有挑战性的课题。

探寻影响员工知识共享的因素，对我国企业的知识管理实践具有重要的现实意义。知识共享是学者长期关注的焦点之一，近年来，有越来越多的学者将研究的目光转向组织内部，如何合理开发和运用蕴藏在组织内部庞大的无形知识资产，促进知识在不同部门和人员之间共享转移将成为竞争制胜的关键。组织内部知识共享，无论是对构筑竞争优势，还是保障企业持续成长都具有积极的意义。在组织内部知识共享的重要性越来越受到关注的今天，为了提高组织竞争力，很多企业争先引进各种知识共享平台等来试图促进组织内部的知识共享，但知识共享系统不仅仅是具体完善功能的物理系统。物理系统以及程序只能承担知识共享中的过程，知识的投入和产出还是由知识共享的主体即当事人来完成的，因此，研究知识共享问题，需要从以人为中心的角度去分析。

知识管理是组织获取持续竞争优势的手段，知识共享作为知识管理的核心内容之一，被看作是提升组织绩效的重要手段，对提升组织绩效具有重要意义，也受到人们越来越多的关注。由于受到主体特征和共享环境的影响，如自我意识、目标导向等，知识共享的结果存在很大的不确定性。由于组织的知识共享是通过团队实现的，而团队又是由个体组成的。因此，从个人和团队的不同层面去分析知识共享绩效具有重要意义。

在全球化背景下，从事生产经营活动的跨国企业，为了更好地适应当地的环境，从事生产经营活动，获取新的情报和知识固然重要，但是，更重要的是，要通过共享组织内部的知识来提高组织绩效（Nobel and Birkinshaw, 1998；Rugman and D'Cruz, 2000）。目前，对影响组织内部知识共享的要素分析大部分还停留在企业制度、工作程序、评价以及补偿、情报技术的传递方式等方面，而很少有研究涉及领导者的领导方式、个人的特征等影响知识共享行为的方面（Wang et al. , 2014）。同时，目前，组织知识共享的研究大多关注组织层面，即知识管理工具对知识挖掘、搜寻、传递和储藏的效用、组织氛围等组织文化对知识共享的影响（胡萍，2014），较少关注微观个人层面因素的影响，如互惠、信任、社会网络关系等，而且也缺乏对个体和组织因素在激发员工知识共享行为方面的研究（Suhwan Jeon，2011；胡萍，2014）。能否通过人为的方式，个体层面上的微观研究，即通过直属上司领导力的具体方式来实现这一企业内部知识共享的具体目标呢？因此，领导者的领导力分析成为最近比较关注的焦点，而变革领导力则是其中之一。同时，也较少研究从相互比较的观点考虑交易型领导力和变革领导力在知识共享过程中的效能机制。考虑跨国公司的性质与特点，本书同时用特里安迪斯（Triandis，1995）的研究成果，即心理层面上的个人差异"他人中心性"（allocentrism）与"自我中心性"（idiocentrism）来分析跨国企业中员工的个人心理文化倾向差异在直属上司的领导力与知识共享行为之间的调节作用机制，以便根据其文化倾向，更好地预测以及促进员工的知识共享行为，提高知识的传播速度与范围，最终达到提高组织绩效的目的。

在这种研究背景下，本书通过实证分析方法，重点着眼于研究直属上司的领导力即变革型领导力和交易型领导力对促进组织内部员工知识共享的影响程度以及通过知识共享对组织绩效产生的影响。

二 研究问题

在上述环境与背景下，本书试图研究解决以下三个问题：

（1）交易型领导力和变革型领导力的效能是如何在跨国企业中发挥作用的？在跨国企业中，交易型领导力和变革型领导力效能是否存在差异？即变革型领导力和交易型领导力相比，是否存在增幅影响效果？

（2）交易型领导力和变革型领导力是否分别通过知识共享行为来更好地影响组织绩效？即知识共享行为是否在交易型领导力与组织绩效之间起到了一定的中介作用？也就是说，是否能通过个人知识共享行为以及团队知识共享水平认知来提高组织绩效水平。

（3）在领导行为影响知识共享过程中，个人的文化倾向是否调节其个人知识共享行为与团队知识共享水平的认知情况。

第二节　研究目的与意义

一　研究目的

本书以中国境内跨国企业为研究对象，探讨直属上司的交易型领导力和变革型领导力以及知识共享、组织绩效、个人文化倾向之间的相互作用机制，由此建立有利于促进跨国企业知识共享行为以及提高组织绩效的综合方案与方法。

第一，实证分析并探讨交易型领导力对追随者的个人知识共享行为、团队知识共享水平认知和个人与团队业务绩效、个人与团队创新行为的影响程度。

第二，实证分析并探讨在跨国企业特殊环境中直属上司的变革型领导力对个人知识共享行为、团队知识共享水平认知、个人业务绩效及团队业务绩效水平认知、个人创新行为以及团队创新行为水平的认知是否与交易型领导力相比，具有增长作用效果。

第三，实证分析并探讨追随者的个人知识共享行为及团队知识共享水平认知程度最终是否能显著促进个人业务绩效及团队业务绩效水平认知、个人创新行为以及团队创新行为水平认知。

第四，实证分析并探讨在交易型领导力和变革型领导力对个人业务绩效与团队业务绩效水平认知、个人创新行为与团队创新行为认知的影响过程中，个人知识共享行为与团队知识共享水平认知是否起到了中介作用。也就是说，对是否通过知识共享行为提高了组织绩效进行深入探讨。

第五，实证分析并探讨追随者个人的文化倾向即他人中心性和自我中心性倾向各自在交易型领导力和变革型领导力对个人知识共享行为、团队知识共享水平认知预测作用机制中是否起到了调节作用。也就是说，是否根据个人文化倾向的不同，有更加适合的、有效的领导方式等问题进行深入探讨。

二 研究意义

探寻影响员工知识共享的因素，对我国企业的知识管理实践具有重要的现实意义。以往学者对于知识共享的研究总体上沿着两条基本路线，即组织内部知识共享和组织间知识共享展开的，而组织间知识共享是学者长期关注的焦点。但是，近年来，越来越多的学者却将研究的目光转向组织内部，如何合理开发和运用蕴藏在组织内部庞大的无形知识资产，促进知识在不同部门和人员之间共享将成为竞争制胜的关键。组织内部知识共享，无论是对于构筑竞争优势，还是保障企业持续成长，都具有积极意义。

组织内部知识共享的重要性越来越受到关注，但目前对具体影响组织内部知识共享的要素分析大部分还停留在企业制度、工作程序、评价以及补偿、情报技术的传递方式等方面，而很少研究考虑知识的特殊性，具体通过人为的方式，即通过强调外在补偿与内在补偿以及以信念与价值观的提高为目标的直属上司领导力方式来实现这一企业内部知识共享的具体目标。因此，通过领导者的领导力来实现和促进企业内部知识共享问题已成为知识管理中研究的重要课题。而交易型领导力和变革型领导力则是其中研究的课题之一。通过相互比较的观点来分析探讨交易型领导力和变革型领导力在知识共享过程中的效能机制，对变革型领导力在跨国情境下的增幅效果与预测绩效的程度也对实际知识管理者具有实践指导意义。同时，考虑到跨国企业的特殊性与特点，通过个人文化倾向即心理层面上的个人差异（他人中心性和自我中心性）来分析跨国企业中员工的个人心理文化倾向差异在直属上司的领导力与知识共享行为之间的调节作用机制对面临跨文化经营的全球化企业所具有的实践指导意义。

第三节 研究方法与基本结构

一 研究方法

为了达到上述研究目的，本书首先对领导理论、交易型领导力和变革型领导力、知识、知识共享、知识管理、组织绩效、文化倾向等概念进行界定以及文献综述。其次，回顾直属上司的交易型领导力和变革型领导力以及追随者个人的知识共享行为、团队知识共享水平认知及个人业务绩效、团队业务绩效水平认知、个人创新行为、团队创新行为水平认知之间与以往研究成果的相互关系。

以文献综述中突出的要因为主，设计了独立变量、中介变量以及结果变量，并在此基础上做出相关假设。

为了达到本书研究的目的，我们综合运用文献考察法和实证分析法；研究对象为中国境内跨国公司的中国员工；分析方法采用基础统计方法、因子分析、信度分析、因素分析、相关分析、回归分析、多层次分析等；资料统计主要使用 SPSS18.0 等统计软件进行统计分析。

二　基本结构

第一章阐述本书研究背景与问题、研究目的与意义、研究方法与基本结构。

第二章对交易型领导力和变革型领导力的概念、构成要素和理论发展过程以及知识管理、知识共享、组织绩效中的个人及团队业务绩效、创新行为的概念及关系、个人文化倾向等相关的主要文献进行综述。

第三章在文献综述的基础上，建立本书研究的模型，确立相关的研究假设。

第四章对研究假设进行验证及分析。

第五章提出本书研究的结论、管理启示、不足与展望。根据实证分析结果，在总结分析结果的基础上，探讨对管理者的启示，提出今后的研究方向与研究不足。

第二章　文献综述

第一节　领导理论

一　领导力概念

"领导力"一词作为一个日常用语，在未经过严谨定义的情况下，在科学以及学科领域中使用。系统地研究领导力之后，对其定义也未达成一致。因为，领导力是一个非常复杂的现象，并根据研究者的观点或所关心的事情以及研究的角度不同，在不同层面上，对其进行了定义。有些学者把其研究焦点放在领导者的特质上，有些学者把研究焦点放在领导者的行为上，有些学者把研究焦点放在领导与追随者之间的关系上，有些学者关心对领导者行为产生影响的情境（李相昊，2009）。同时，一些研究者把研究的焦点放在其领导者上，有些研究者把研究焦点放在追随者上。斯托格迪尔（Stogdill，1974）在对领导力概念整理的过程中曾经提到过，对领导力概念的定义和要对其下定义的人数一样多。

约瑟夫·罗斯（Joheph Rose，1991）在其著作中评论了 221 种关于领导的定义，他强调的是，关于领导的定义非常之多。在回顾了有关领导的诸多不同定义之后，西库拉（Ciculla，1995）指出："在这些不同的定义中可以发现相似之处。所有的定义都将领导视为某种过程、行为或者通过某种方式驱动他人的影响。"她认为，如果把这 221 个定义的作者集中在一个房间，他们一定可以理解，而且也能够理解把领导力视为对团队施加影响、促使团队达成特定目标的过程的那个人所表达的意思。西库拉认为，主要差别在于领导者与追随者之间的关系，以及领导者"如何"促使人们做事情。

Yukl（1998）对于领导力的各种定义进行了评述。他指出："这些区别和差异并不是学究式的吹毛求疵，它们反映了在定义领导者与领导过程的问题上存在着很深的分歧。"只有一种定义的方式，是不符合实际的。领导现象十分复杂，它在如此众多的情境下通过如此众多的方式显示着自己的存在，领导的目的也是多种多样的，这些都要求领导力定义的多样化。表2－1总结了关于领导力的主要定义。

表2－1 领导力定义

研究者	内容
赫姆菲尔和孔斯 （Hemphill and Coons，1957）	使团队的活动指向一个共同目标的个人行为
斯托格迪尔（Stogdill，1974）	为了实现目标，对团队行为产生影响的过程
卡茨和卡恩 （Katz and Kahn，1978）	对组织的日常指示，发挥影响力，使其超出机械式顺应的结果
罗奇和贝林 （Rauch and Behling，1984）	为了达到目标对组织团队活动发挥影响力的过程
彼得斯和奥斯汀 （Peters and Austin，1985）	领导力是目标、响亮的助威声……热情
雅各布斯和雅库斯 （Jacobs and Jaques，1990）	提出努力的目标（有意义的方向），使追随者为了目标的达成而尽力的过程
格林伯格 （Greenberg，1993）	一个人为团队或组织既定的目标，对其他组织内成员产生影响的过程
巴特尔（Bartol，1994）	为了实现组织的目标，对他人产生影响的过程
豪斯等 （House et al.，1999）	对他人产生影响，赋予动机，培养他人为组织有效性及成功做出贡献的个人能力
李等（Lee et al.，2013）	为了达到目标而对某些特定的人发挥影响力的过程

资料来源：笔者整理。

虽然很难以一个概念来完美地定义领导力，但是，可以较轻松地对领导力现象的构成要素进行区分。构成各种领导力概念的核心要素有两种。其一，领导力是达成目标的过程。其二，领导力是影响力发挥的过程。综合以上两种特质，领导力可以定义为："为了实现目标对某人产生影响的过程。"

"过程"这个概念之所以非常重要，就在于它提醒我们对领导环境的变动加以注意。领导力的发挥过程并非一成不变的，但它是人的个性中永恒存在的。领导者的许多构成因素会随着形势的变化而变化。

二　领导力构成要素

强调其过程的领导力定义并非是指领导者所拥有的性格特征，而是其在与追随者之间所产生的一个交易事件。过程意味着领导者对其他人发挥影响力，也可能受其他人的影响。并且强调领导力并非是线性或一方的，而是相互作用的结果。以此来看，领导力是通用于任何人的一个概念，而非是仅限于针对组织内正式命名的领导的概念。领导的许多构成因素都非常重要，如自信心和对团队的信心等，会随着形势的变化而变化。

作为发挥影响力过程的领导力，其定义主要是领导者如何对其追随者发挥影响力。发挥影响力是领导力的必要条件。如果不发挥影响力，就不存在领导力。

从"领导力是组织情境下产生"这一定义中可以看出，组织是领导力发生的现场。因此，领导力是针对由成员构成的组织即具有共同目标的组织产生影响的过程。在这种情况下，组织既可以是小团队或共同体团队，也可以是一个包括多个团队的大规模组织。

"领导力是目标实现的过程"这一定义强调领导力是指挥由其成员构成的组织完成某种工作或实现某种目标相关联的现象。这时，领导者将以那些为共同成就某事而努力的人为对象，发挥其影响力。因此，领导力是在其追随者共同为实现目标而努力的情境下，发挥影响力的现象。

总而言之，领导是社会活动中确保共同方向的过程；没有领导，这些社会活动就会变得盲目而混乱。领导力是各种因素相互作用的结果，这些因素都是由于形势（环境变化）而产生的，并受形势的控制。因此，考虑到领导力的构成，需要考虑当前领导环境所面临的环境因素。

三　领导力理论发展过程

领导力研究的历史，是一个时断时续的过程。但可以肯定的是，领导的概念和研究一直在变化，其变化幅度甚至超出了其他社会现象。领导力研究根据研究者的视角不同，可以以多种多样的方式进行。大部分研究只涉及领导力比较窄小的一面，因此，大部分经验研究以特质、行为、情境为其研究对象。最近，学者开始把研究焦点转向考虑多种因素的综合领导力。

领导力分析角度也是区分领导力理论和研究的一个方面。分析角度有个人、团队和组织。各自的层面都揭示一种特有的洞察力，但是，在团队和组织角度上，需要做更多的研究与探讨。

区分领导理论的另一个角度是，领导者与追随者之间研究的焦点放在哪里的问题。长时间内，领导力研究把其焦点放在领导者的特质上，追随者只作为领导者发挥影响力的对象而对此进行研究。

最后一种分类（普遍理论与情境理论）是对领导力过程及关系的解释，是否从本质上对任何情境都给予同样的解释还是根据情境进行具体问题具体分析。

关于领导力理论发展过程具有代表性的分类大致可以概括如表2-2所示。

表2-2　　　　对领导力理论发展过程具有代表性的分类

领导理论	研究模型	特征
特质理论（1930—1950年）	区分领导与非领导	成功的领导具有智能、性格及身体特征
行为理论（1950—1960年）	有效的领导行为类型	领导力最主要的一面不是领导者的特质，而是领导者的实际行为
情境理论（1960—1980年）	作用于有效领导力的环境情境要素	领导有效性，不仅取决于领导者类型，而且取决于情境
新潮流领导力理论（20世纪80年代初期以后）	交易型领导力和变革型领导力	领导者要有目标，并要引发追随者产生强烈的认可与认同

资料来源：笔者根据 Yukl, G. A., 1994, *Leadership in Organization*, 3rd, ed., Englewood Cliffs, Prentice Hall, pp. 17-22 整理。

新潮流领导力理论之变革型领导力理论、领导力替代理论、LMX理论、魅力型领导力理论、仆人式领导力理论等以寻找古典领导力理论中存在的问题与不足为其研究的出发点。

第一，20世纪80年代开始，周围环境发生了巨大变化。这种变化阻碍着传统领导力理论的适用范围。之前的领导力是在比较稳定的环境之下保证系统化工作的顺利完成。而在新的环境之下，要求领导者不断创新、变革。

第二，传统领导理论的研究结果在实际工作运用中受限。例如，领导者的领导力是先天赋予的，行为要根据情境发生变化，根据不断变化领导者来适应其环境等古典领导力理论，严重影响了在实际业务中的运用及其可行性。

第三，传统的领导理论的研究对象大部分为中层管理者，而把其结果运用到最高领导者时受到诸多外在因素的限制。在目前巨变的环境之下，有必要对作为决策者的最高领导者的领导力进行研究。

由此产生了所谓新潮流领导力理论的一系列领导力理论，并作为这种领导力中主要方式之一的交易型和变革型领导力受到诸多学者与实务者的关注。

第二节 交易型领导力和变革型领导力

一 交易型领导力

（一）概念及特征

交易型领导力可以定义为领导者根据情境的补偿来对追随者发挥影响力的过程。即交易型领导力是领导者通过行为、补偿、奖金等来诱导追随者做出符合期望的行为的过程，并且此过程依赖于领导者与追随者之间的交换或者是交易关系（Kuhnert，1994）。交易型领导的特征是强调交换，在领导者与部下之间存在一种契约式交易。在交换中，领导给部下提供报酬、实物奖励、晋升机会、荣誉等，以满足部下的需要与愿望；而部下则以服从领导的命令、指挥，完成其所交给的任务作为回报。

伯恩斯（Burns，1978）认为，交易型领导力在一个人以交换某些价值为目的，而与他人产生的契约关系，发挥主导权时发生。即领导者明确规定追随者的责任，明确提示自己对追随者所期望的，以此来引出追随者全力以赴满足组织所期望的目标。

巴斯（Bass，1985）以伯恩斯（1978）的交易型领导力概念为基础，把交易型领导力定义为激励追随者发挥交换或协商好的努力的过程。

交易型领导力与弗罗姆（Vroom，1964）期待理论的影响力发挥过程有直接的联系。弗罗姆（1964）期待理论认为，要激励员工做出期待的结果，必须要满足以下三个要素：

第一，相信努力工作就能得到期望的结果，也就是期待感；

第二，产出特定的结果就能得到补偿的一种信任感，也就是手段性；

第三，所获得的结果对自己是否有价值，也就是对补偿价值的认识问题。

因此，领导者必须认识到追随者所期望的是什么，用交换关系来连接追随者的需求、努力与对成果的补偿，使追随者拥有一种自信感。

（二）构成要素

交易型领导力是利用处罚或补偿来使追随者满足工作要求的领导力，直接与追随者的利益有关，并以此来激励追随者。巴斯（Bass，1985）将变革型领导力与交易型领导力区分开来，并指出了构成交易型领导力的要素有权变奖励与介入管理（积极介入与消极介入）两个层面。

权变奖励是在员工达到领导者设定的标准时为了激励而给予奖励或补偿的行为。交易型领导会通过与员工的协商确定补偿的结果等。为了能够进行权变奖励，需要满足以下条件：领导者必须要拥有很多权限；员工为了得到补偿必须依赖于领导者；通过员工的努力能够获得补偿。

介入管理分为积极管理与消极管理。消极管理也称为例外管理，是指发生例外情况时领导者介入管理，这种介入往往会带来负面反馈或强化。

交易型领导的特征是强调交换，在领导者与部下之间存在一种契约式交易。在交换中，领导给部下提供报酬、实物奖励、晋升机会、荣誉等，以满足部下的需要与愿望；而部下则以服从领导的命令、指挥，完成其所交给的任务作为回报。

伯恩斯认为，这种领导的效果要视领导者与下属之间的心理契约的状况而定。交易型领导建立在一个人在组织中的位置相关的官僚制权威和合法性基础上。它强调任务目标、工作标准和产出，往往关注任务的完成和员工的顺从，更多地依靠组织的奖励和惩罚手段来影响员工。

交易型领导的突出特点在于十分强调绩效。通过明确地规定角色分工和任务分配，交易型领导可以带领或动员下属实现既定目标。这种领导方式的关键词包括控制、评估、调度、结果等。对可预测的、可持续的结果的追求，是所有交易型领导的内生动力。在一个交易型领导主持的企业中，一般具有如下特征：

第一，明确的界限。在角色和功能、技术流程、控制幅度、决策权以及影响力范围等方面都有划分清晰的界限，所有的因素及其相互作用都被置于管理和控制之下，以期达到预想的商业结果。

第二，井然的秩序。对交易型领导来说，任何事情都有时间上的要求、地点上的规定，以及流程上的实用意义。通过维系一个高度有序的体制，交易型领导得以长时间地、系统地获得比较一致的结果。

第三，规则的信守。交易型领导十分注重规则，对业务经营的每一层面都设定了具体的操作标准与方式，任何背离程序、方法和流程的行为都被视为问题，要加以解决和清除。也就是说，工作结果必须是可预测的，不允许意外发生。

第四，执着的控制。交易型领导厌恶混乱的和不可控的环境，他们力图使企业获得有序结构。所以，他们的领导方式往往是强力型的，企业内部通常缺乏"湿润感"。

二 变革型领导力

（一）概念

变革型领导力是通过预示愿景等方式来改变下属的价值体系和信念，使他们达到比预期更高的成果、认识自身业务的重要性，从而提高组织绩效的行为。在伯恩斯 1978 年提出变革型领导概念之后，巴斯又进行了深入的研究。他认为，变革型领导能够通过对下属的激励、对他们的关怀来影响员工的工作态度、信念和价值观，使他们置组织的利益于自身利益之上，从而更加投入地工作，该领导方式可以使下属产生更大的归属感，满足下属高层次的需求。变革型领导理论的提出，为领导学的研究开辟了新的思路。变革型领导力包括理想化影响力（领导魅力）、鼓舞性（愿景）激励、智能激发和个性化关怀。

巴斯通过大量引用世界各地和各部门的研究成果，证明了变革型领导与一系列产出变量存在较强的联系。理想化影响力和鼓舞性激励是指领导者想象出令人向往的未来愿景并阐明实现这种愿景的途径，同时以身作则，树立高标准并展示决心和信心。智力激发是指领导者帮助下属成为更富有创造性的员工。个性化关怀是指领导者关注下属个人的发展需求并支持和指导他们的发展，领导者会把任务分配给下属，并将其作为促进下属发展的机会。

新型的领导理论，从问题的源头出发，探索领导者能够提升员工动机、绩效和承诺水平的缘由。其中，变革型领导会勾勒出美好愿景，从而鼓励下属为了组织的利益加倍努力，他们会关怀下属的发展需求，并帮助他们用新的方法解决问题。于是变革型领导理论在提出来后，受到了各界的欢迎，目前，变革型领导理论已经成为领导理论研究的重要理论，并被众多跨国企业用来指导企业的人员选拔和培养（李超平，2007）。

（二）研究成果

变革型领导在西方经历了 30 多年的发展，已经取得了较多的研究成果。国外关于变革型领导的研究主要体现在以下三个方面：

第一，变革型领导的结构与测量。自从巴斯提出变革型领导的结构并开发出多因素领导力问卷（Multifactor Leadership Questionaire，MLQ）以来，许多学者对其进行了修正（Howell and Avolio 1993；Avolio，1993；Avolio，Bass and Jung，1999），最终达成共识，认为变革型领导是四维结构，即领导魅力、鼓舞性（愿景）激励、智能激发和个性化关怀。目前，MLQ 已被证明具有良好的信度和效度（Avolio，Bass and Jung，1999；Bass and Riggio，2006）。但是，也有一些学者对变革型领导的四维结构提出了质疑，如变革型领导只有一个总的"变革型领导"维度，不能细分出其他子维度（Carless，1998）；是否对变革型领导的维度进行细分，使之更加全面和完整等（Leithwood，1996；Podsa-koff，1990；Careless，2000；Raffert and Griffin，2004）。

第二，变革型领导与领导效能之间的关系。许多学者研究了变革型领导与领导效能之间的关系，一般来说，领导效能的测量指标包括绩效、态度与行为。许多学者已经探讨了变革型领导与工作绩效之间的关系（Avolio et al.，2004；Ronald and Jason，2006），还有学者探讨了变革型领导与员工态度和行为之间的关系，如卡梅伦和尤尔里奇（Cameron and Ulrich，1996）的研究发现，变革型领导对领导效能、工作满意度、组织承诺等变量有显著的正向影响。

如图 2 - 1 所示，变革型领导力能够直接激发下属的自信，并利用下列三种方式，使追随者做出更多的努力，达到预期的效果：

（1）变革型领导能够提高追随者对特定的理想化目标价值重要性的认识水平。

（2）变革型领导使追随者把自己所属的组织和团队的利益放在个人利益之上。

（3）变革型领导使追随者的需求水平按照马斯洛（Maslow，1943）需求层次逐步提高，使追随者需求水平达到更高水平。

第三，变革型领导的作用机制研究。主要集中在变革型领导和领导效果之间的中介变量与调节变量方面（见图 2 - 2）。同时，变革型领导首先关注的是关于变革型领导的效果。很多研究中，对于变革型领导效果与交易型领导力进行了比较，验证了变革型领导不仅仅是单纯的替代交易型领导，而是会对追随者产生额外的增幅效果。也就是

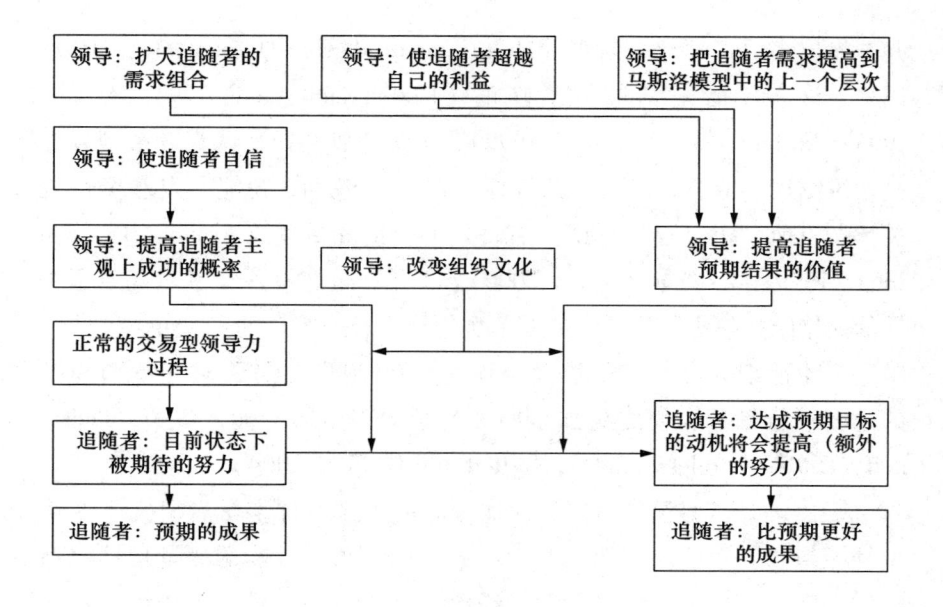

图 2 - 1　变革型领导力模型

资料来源：Bass, B. M., 1985. *Leadership and Performance Beyond Expectations*, New York: Free Press, p. 23。

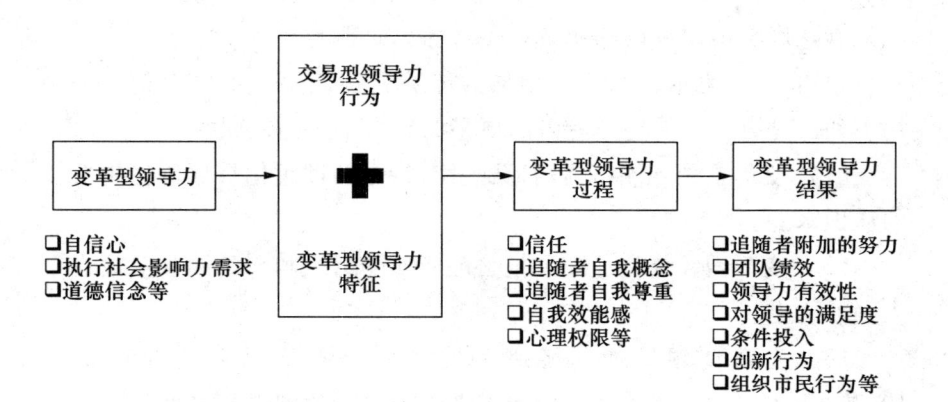

图 2 - 2　巴斯变革型领导力

资料来源：〔韩〕李相昊：《组织与领导力》，图书网，2009 年，第 7 页。

变革型领导比交易型领导能够更好地预测领导的有效性及具有更高的领导满足度（Avolio，1988；Deluga，1988；Seltzer，1990；Waldman，

1987）。

第三节　知识、知识管理与知识共享

一　知识

（一）概念

从哲学角度说，对知识的探讨属于认识论的范畴，西方哲学分为唯理主义和经验主义两大学派。唯理主义相信绝对真理必须通过逻辑推理得到，不存在由感官体验带来的真理。而经验主义则更加肯定个人的感受和经验对人类认识世界的指导。在管理学和经济学领域里，知识的定义也没有统一的答案。伯特兰·拉塞尔（Bertrand Russell，1956）在《人类的知识》中说："人类的全部知识都是不确定的、不准确的和片面的。"管理学家彼得·德鲁克将知识划入信息资源的范畴，这类信息不仅可以是具体的实践方法，还可以通过企业或个人对信息的处理而得到一类特有的行为方式。刘易斯（Lewis，2004）将知识定义为："知识混合了结构化经验、价值及洞察力，像流体一样具有流动性。"在《韦伯词典》中，将知识定义为一类存在于人类心智的事实或原则。获取知识的方式主要有两种：一种是人类自身通过认知或学习而得到知识；另一种是人类对事物的先天直觉或熟悉程度。

在经济学和管理学领域，知识的概念常常与数据、信息相混淆，实际上，这三者之间存在很大的不同。数据是一系列记录事实的客观存在的离散数据。尽管数据并不能直接进行应用，但是，数据很重要，它是形成信息的基础。信息是从数据中提炼出来的有关数据联系的集合，它能够反映数据与相关应用之间的密切联系。而知识则是对信息的进一步提炼，它是一种分析信息并进行应用的能力和经验，带有很强的背景性和个人主义色彩。海尔（Hair，1992）认为，知识是由数据经过分类、概括和总结而形成的，与事件的背景和经验密切相关。

在知识经济时代，知识的价值不断提高，知识共享、知识迁移等概念一经提出，便备受研究者青睐。英国学者迈克尔·波兰尼（Michael Polany）从哲学角度将知识划分为显性知识和隐性知识。显性知识是客观的、理性的，容易在组织内传播与共享；而隐性知识则是非正式的、高度个人化的，其传播与共享相对较难（李保明，2006）。

在日常生活中，对知识的概念解释较多，但从学术角度来对知识定义并不简单。野中郁次郎（Nonaka，1990）提出，"知识这个词包含多个角度和层次的含义。不仅用于记忆及情报，而且还用于概念、理论、规则、价值观、世界观等多个领域。因此，能够正确叙述其概念并不容易"。在对知识的定义中，比较具有代表性的观点有：Nonaka 和 Takeuchi（1995）认为，知识是正当化的信任；拉格勒斯（Ruggles，1997）认为，知识是根据不同情境具有不同的情报、价值、经验及规则的流动性混合物。除此之外，不同的学者对知识的概念还有各种不同的定义，大致可以概括如表 2 - 3 所示。

表 2 - 3 知识的定义

学者	对知识的定义
阿尔特（Alter，1992）	人或者组织为了进行有效果又有效率的管理，有必要去理解的
Nonaka 和 Takeuchi（1995）	正当化的信任
布鲁金（Brooking，1996）	由真实的信任、判断和预期、方法论与经验构成
希尔伯勒（Hieberler，1996）	组织中的知识是与个人的去留无关、组织所拥有的能够利用并且付诸行动的有意义的情报
莱贝斯金德（Leibeskind，1996）	已经通过验证的、可以信任的情报
阿拉维（Alavi，1997）	为了实现目的，能够提高个体能力的被验证的信任
德马雷斯特（Demarest，1997）	工作惯性、实际使用的理论、技术装备、过程等情报的组合
拉格勒斯（1997）	具有情境意义的情报、价值、经验以及规则的流动性混合物
斯图尔特（Stewart，1997）	包含专利、过程、员工的能力、技术、顾客情报、供给者情报、经验等

续表

学者	对知识的定义
威格（Wiig，1997）	由真实、信任、概念、判断、方法、经验等组成的，为了适应特定情境和解决问题而积累，并长期保留下来的
达文波特等（Davenport et al.，1998）	提供评价新的经验和情报，整合结构的专门的洞察力、情报、价值观、经验等的综合体
莱昂纳德和森西珀（Leonard and Sensiper，1998）	根据经验而获得的与当前问题相关、马上能利用的情报
王等（Wang et al.，2014）	个人的信息化过程，包括新的创意、事实、经验和判断等来提升个人和团队的绩效

资料来源：笔者整理。

（二）知识的分类

关于知识的分类。根据知识的可观察性，迈克尔·波兰尼（1962）将知识分为个人特定的、难以外化和交流的隐性知识以及可用言语外化表达的显性知识。另外，有些学者根据知识的拥有对象不同，将知识分为个体知识、企业知识和团体知识等不同类型。有些学者根据组织中知识的存在形式不同，将知识分为员工知识、技术知识、管理知识和组织的价值观四种类型。有些学者按照知识在企业生产活动中的作用不同，将知识分为企业中的技术、组织和制度等方面的知识；根据知识的来源渠道不同，将知识可以分为组织内部知识和组织外部知识两种。综上所述，根据对知识的定义、解释以及分类的不同，大致可以将知识分类概括为以下三种类型：

1. 经济合作与发展组织的分类

经济合作与发展组织（OECD）在其一篇发展报告中，将知识分为事实知识、原理知识、技能和知识和人力知识四种类型。

事实知识和原理知识常常是一些可以用文字明确表达和传递的、易于交流和保留的知识，技能知识和人力知识通常是一些隐性知识，难以用文字、数据和图标进行描述及表达，具有很强的个人性和经验性，包括价值观、经验结构、技巧等。

2. 波兰尼的分类

1958 年，英国物理学家和哲学家迈克尔·波兰尼首先提出了"隐性知识"的概念，将人类的知识分为显性知识和隐性知识两种。这种分类被知识管理的理论界和知识界广泛接受。

显性知识是指那些易于编码的、可以用符号（数字、文字、图表等）系统、完整地表达出来的知识，比如，企业的制度规范、专利、客户关系等。隐性知识是受特定情境限制的、个性的、能感知却难以表达的知识，比如，企业员工在其工作中形成的独特方法、企业文化、团队间的默契等。有资料表明，人类的知识中，有80%是隐性知识，只有20%是显性知识。显性知识和隐性知识共同构成了人类知识体系的"冰山"模型。

3. 企业管理中的知识分类

IPEM（2003）根据知识所属对象不同，将知识划分为个体知识和组织知识。很容易理解，个体知识就是企业员工的个人知识，包括员工所受的教育、职业经验、专业知识以及长期以来形成的社会网络关系。个人知识是组织知识的基础，但是，组织知识并不是企业内员工知识的简单加总，它包括更深层次的企业文化、管理制度、产品与工艺知识、业务流程、行业经验以及企业的客户关系等。

按照知识来源不同，可以将企业知识分为内部知识和外部知识。内部知识是指企业内部支持业务流程正常运作所需要的知识，包括产品生产标准、生产流程、营销理念、销售渠道等。外部知识是指与企业自身发展密切相关的外部企业或个人拥有的知识，具体包括供应商、政府、市场采购、知识联盟及与合作伙伴交流。

二　知识管理

1986 年，"知识管理"首次在联合国国际劳工组织（International Labour Organization，ILO）欧洲管理会议上提出。1988 年，著名管理学大师彼得·德鲁克正式提出"知识管理"这一概念，他认为，知识技术将替代传统的生产资源成为企业核心资源。

目前，国外在知识管理基本理论、知识管理技术、知识管理实践等方面均开展了广泛的研究，取得了丰硕的研究成果。我国知识管理研究起步较晚，主要集中在知识管理的内涵、能力、影响因素、绩效以及知识管理与其他领域之间的关系等理论方面的探索，在知识管理应用的实践研究方面存在不足；而且研究倾向于资源基础观视角，体现知识管理的静态性。实际上，知识管理是一个动态过程，强调对组织绩效影响的动态性，所以，应该基于过程视角，加强对知识管理过程的研究（沈玉志，2015）。

知识管理是为了使组织与顾客的价值最大化，对组织成员在执行组织业务过程中形成的知识，以在组织内部与他人相互交换的形式储存与共享，并转化为组织资产的一系列过程（Nonaka and Takeuchi，1995）。

表 2 - 4　　　　　　　　　　　知识管理的定义

学者	知识管理的定义
野中郁次郎（1995）	企业使员工共享所拥有的知识与情报，并提供创造知识的条件
Nonaka 和 Takeuchi（1995）	创造新的知识并扩散到整个组织内部，通过共享知识来重新生产商品与服务的系统化过程
APQC（1996）	知识的生成、控制、资料收集、系统化、共享及知识的运用
梅耶斯（Meyers，1996）	知识的产生与知识的输入及知识转移
奥德尔（O'Dell，1996）	为了创造出新的知识而确认知识、理解知识、使用知识的系统化过程
巴西（Bassi，1997）	创造知识，发掘知识，收集知识，改造知识、构成及运用
贝克曼（Beckman，1997）	对知识的创造、收集、改造、构成、运用及共享
普鲁萨克（Prusak，1997）	对于属于个人资产的知识进行资产化，以便组织成员利用与决策
达文波特等（1998）	获得组织进行生产经营活动所需要的知识、储藏、共享及运用的过程
拉格勒斯（1998）	通过从组织内部以及外部所获取的技巧、经验、判断等来创造价值以及提高价值的一系列活动
Carlucci 和 Schiuma（2006）	为了提高组织绩效而开发知识、运用知识的原则、模型、技巧等的组合
麦克曼努斯（McManus, P.，2016）	是通过谨慎和系统的协调，组织内部的人员、技术、过程和组织结构来创新，最终增加其知识的使用价值

资料来源：笔者整理。

三　知识共享

（一）概念

从 20 世纪 90 年代开始，知识共享就被受到关注（Cole，1998），并且其研究的焦点集中在知识管理过程中知识的获取、储藏、共享以及使用中的知识共享上（Davenport et al.，1998）。

很多学者对知识共享有不同的解释。知识共享是人们之间共享的一种知识，是相互之间的理解（Henderson and Clark，1990），是组织成员相互之间把所掌握的知识表达出来后创造其价值、共享经验的过程，也是对程序和技术相互之间的理解（Nelson and Cooprider，1996）。并且知识共享是满足人们把所掌握的知识传递给他人的一种欲望的过程，是通过人们之间的相互作用来完成的动态现象（O'Dell and Grayson，1998）。

知识共享在知识的共享水平、相互作用，以及行为过程中具有共同的标准。首先，共享角度可以分为个人、团队和组织三个层面。根据 Nonaka 和 Takeuchi（1995）的知识转换过程研究，个人的知识是通过与组织成员之间的相互作用而扩散到团队或组织层面的。

从个人层面角度来看，促进知识共享的要素有个人之间的信任程度、个人的共享意志、对知识拥有者的信息以及知识的特征等（Hansen，1999；Stasser，Stewart and Wittenbaum，1995；Tsai and Ghoshal，1998）。

从团队角度来看，研究的焦点主要是针对个人以及与他所属团队之间的关系或者团队与团队之间的关系中对知识共享所产生的影响要素的研究。团队之间的信任程度、被传授团队的共享倾向以及受益团队的动机、最高管理层的职能，以及知识的特性等是其影响因素（Butler，1999；Chakravarthy，Zaheer and Zaheer，1999；Nelson and Cooprider，1996；Szulanski，1996；Zander and Kogut，1995）。

从组织角度来看，主要是针对跨国企业内部、海外组织之间战略联盟的知识共享研究。跨国企业内部组织间的知识共享主要研究传授组织的共享意志、受益组织的吸收能力、对知识转移的以往经验和转移费用、转移方式的多样性以及知识的特征等（Buckley and Carter，

1999；Gupta and Govindarajan，2000；Kogut and Zander，1992）。

　　知识共享是传授知识和被传授知识的当事人之间的相互作用来形成的一种满足需求的过程。奥德尔和格雷森（O'Dell and Grayson，1998）把组织内部的知识转移定义为组织内部成员之间的相互作用，并强调了组织成员之间人际关系的动态性层面。

　　知识的大部分不能用文字来说明，因此，为了使问题得到解决，面对面的交流可以促进相互关系，并促进知识共享。

　　知识共享的相关定义大致可以归纳如表 2 - 5 所示。

表 2 - 5　　　　　　　　　　　　　知识共享相关定义

共享水平	研究	概念	表述
个人	奥德尔和格雷森（1998）	传授者和受益者之间相互的动态过程	转移
	汉森（Hansen，1999）	通过与其他部门的人的牢固的相互关系而形成知识的过程	共享
	Rose Su - Jung Lin 等（2014）	是一种从一个人到另外一个人转移和散播知识的过程	转移
团队	纳尔逊和库普里德（Nelson and Cooprider，1996）	为了影响团队知识共享水平认知的相互关系的过程	共享
	Szulanski（1996）	传授部门和受益部门之间的相互交换过程	共享
	Chakravarthy 等（1999）	组织部门之间能够接近知识的过程	共享
	Kostoval（1999）	被转移的知识在受益部门执行过程中制度化的过程	转移
	博克和金（Bock and Kim，2002）	组织内部个人之间知识的转移或者散发活动	转移
组织	赞德和科格特（Zander and Kogut，1995）	转移的知识在受益部门执行过程中被制度化的过程	转移
	格兰特（Grant，1996）	把组织保留的知识财产在组织内部共享，使知识的运用最大化，提高组织整体能力的行为	共享
	Gupta 和 Govindarajan（2000）	知识区分、传授、转移、吸收等	共享

续表

共享水平	研究	概念	表述
组织	Govindarajan（2000）	转移、吸收过程	转移
	王等（2014）	给他人提供明确的知识（构想、过程、规则等）以及隐性知识（共享经验等）来帮助他人达到目标，与他人合作来解决问题	共享
	陈涛（2015）	通过知识交换，双方都实现自己的目的	交换

资料来源：笔者整理。

（二）知识共享影响因素

知识共享能促进组织绩效，因而有必要去寻找促进知识共享的因素。贝克曼（1998）认为，为了提高组织内部知识共享的成功率，需要满足四个条件。一是管理层的领导力以及投入；二是健康的文化；三是专门性；四是情报技术。但是，除这些要素外，很多学者强调文化要素以及人为因素的作用。

克罗格（Krogh，1998）认为，知识管理就是企业创新的一种方式，对企业知识管理产生主要影响的最重要因素是人。人对环境变化是最敏感的，因此要重视人为因素，特别是对相互的信任、开放性、交流等。通过对到2014年为止发表的国外知识共享相关文献的分析，其中，对知识共享前因也就是影响因素的分析结果显示，知识共享的前因主要分为个人特性、组织特性、知识特性和环境特性等。从个人特性和个人因素方面的分析来看，Lin（2009）认为，知识共享是富有挑战性的。因为员工拥有隐性知识。隐性知识是高度个人化且难以形式化的，难以传递和共享。因此，知识共享的核心动力是在知识传递者和知识接收者之间建立良好的联系。

对于知识共享影响因素研究现状，大致可以归纳如表2-6所示。

（三）知识管理类型

环境的动态变化，尤其是行业中知识的扩散速度会在很大程度上影响企业知识管理活动。根据博弈索特（2005）的分类，将企业的知识管理分为积累型知识管理和共享型知识管理两种类型。

表 2 - 6   知识共享影响因素研究现状

知识共享 影响因素	主要研究者
管理者的 领导力	拉格勒斯（1998）、达尔波特等（1998）、奥德尔和格雷森（1998）、Chakraarthy 等（1999）、麦克安马努斯（2016）
沟通、开放 性、信任	Szulanski（1996）、达文波特（1998）、克罗申格（1998）、Chakravarthy 等（1999）、克雷默（Kramer, 1999）、Wiewiora 等（2013）
员工态度	Szulanski（1996）、Chakravarthy 等（1999）、克雷默（1999）、普菲弗和萨顿（1999）、Gupta 和 Govindarajan（2000）、阿尔拉夫和莱德纳（2002）、Amayah（2013）
知识有用性	马歇尔等（Marshall et al., 1996）、达文波特等（1998）、麦克德莫特和奥德尔（2001）
评价、补偿	胡伯（Huber, 1991）、奥德尔和格雷森（1998）、拉格勒斯（1998）、麦克德莫特和奥德尔（2001）、Sajeva（2014）、康内科等（Connelly et al., 2014）
情报、技术	汉森（1996）、达文波特等（1998）、奥德尔和格雷森（1998）、拉格勒斯（1998）、詹纳和奥尔夫曼（Jenner and Olfman, 2002）、Yan 等（2014）

资料来源：笔者整理。

1. 积累型知识管理

积累型知识管理适用于知识扩散速度较慢的环境。知识缓慢流动使企业能够长期保有其核心知识，因此，企业可以通过对某一领域的知识进行长期、深入开发与积累来发展自身的竞争优势。同时，通过对这些知识进行保密来降低其向外扩散的进程，从而能使企业在较长时间内利用这些积累的知识资产获取垄断收益。在这种环境中，企业是知识的主要创造者，并且行业中的知识由于较低的扩散性而主要保留在各企业内部，因而企业中已经形成的知识资产成为长期竞争优势的主要来源，企业之间的竞争也主要表现为其知识资产长期积累的存量比较。对处于这种环境中的企业而言，对核心知识进行长期、深入开发和保持知识的专有垄断是发展其竞争优势的关键。

2. 共享型知识管理

在知识快速扩散的环境中，知识的积累战略无法实现。虽然处于这种环境中的企业依然可以成为知识的主要创造者，但是，企业的知识会快速传播至整个行业，从而使企业难以通过长期保有核心知识来维持自己的竞争优势，其获得垄断收益的时限也被大幅度缩短，这样，导致企业缺乏动力进行长期深入的知识开发。

此外，由于企业的知识会快速扩散到外部，行业中的新知识会大量集中在组织外部的公共领域，这就需要企业具有快速获取外部知识的能力来吸取和利用这些新知识。因此，处于这种环境中的企业需要一种新的知识管理范式，即共享型知识管理。

本书以共享型知识管理为研究重点，对如何在企业内部和通过领导者的领导力来激发知识共享行为进行研究。

（四）跨国企业中的知识共享

1. 跨国企业

对跨国企业的定义，根据其企业的结构特征、管理成果及特征、行为特征等标准，可以以多种形式来定义（Aharoni, 1971）。

以企业的结构特征为标准定义跨国企业的学者，根据企业进行经营管理活动的国家数量、最高管理者的国际分布等来定义跨国企业。

在以管理成果为标准定义跨国企业的情况下，有绝对标准和相对标准之分。根据绝对标准来定义，跨国企业是把投资资源的一定数量以上的资源分配到国际性事业及活动的企业。根据相对标准来定义，跨国企业是指没有确定一定的投资数额，而是在投资资源、技术、人力资源等各方面与国际事业活动相关联的企业。

在行为特征上，根据管理的观点以及思维方式是否能代表世界前沿的一些理念来定义。对于跨国企业的定义，随着研究学者的不同而不同，本书将跨国企业定义为"在两个以上国家进行经营管理活动的企业"。

跨国企业，又称跨国公司、多国公司、国际公司、超国家公司和宇宙公司等。

2. 跨国企业的知识共享

在全球化环境中，跨国企业面临着不同的环境下管理各种各样的知识问题。随着管理环境的全球化，信息量以及知识的有效管理是跨国企业需要解决的重要问题。跨国企业既需要积极吸取新的知识与技术，更需要使企业已有的知识在组织内部共享来提高组织绩效（Nobel and Birkinshaw，1998；Rugman and D'Cruz，2000）。在国际经营管理领域中，知识管理一直被认为是跨国企业的难题之一。关于跨国企业知识共享的研究主要有两个：一是在跨国企业内部母公司和子公司之间的知识转移。这种研究的主要观点认为，母公司和子公司之间的知识有效转移并合理利用，能提高企业的竞争优势（Gupta and Govindarajan，2000）。二是跨国企业通过国际合作或战略合作来从外部获取知识后进行管理的研究。具有代表性的研究有 Makino 和 Delios（1996）、Inkpen 和 Dinur（1998）。

Ghoshal 和 Bartlett（1988）研究指出，跨国企业内部要转移知识，需要转移途径，而通过人力资源的方式转移是能发挥特殊效果的战略。领导者不仅能起到促进员工之间转移知识的作用，同时也有可能成为转移的主体。从这个层面看，在跨国企业中，研究领导者对知识共享具有积极的促进作用。

3. 跨文化环境对知识共享的影响

跨文化环境下的知识共享，由于人们之间存在语言障碍、价值观、宗教、信仰和行为方式等差异，比起相同文化背景下的知识共享要复杂、困难得多。研究发现，跨文化组织遇到的很多问题通常是由于文化差异所引起的。这些冲突和误解常常会导致知识流动不畅和学习效率下降。跨文化环境对知识共享的障碍主要来源于以下五个方面。

（1）语言障碍。跨文化口头交际是一个相当复杂的信息交流过程。语言是知识共享的最重要渠道。所以，语言障碍是跨文化知识共享的最基本的障碍，也是最大的障碍。

（2）价值观差异。不同的民族有不同的发现历史，从而也形成了不同民族的价值观。美国是一个移民社会，有深厚的"牛仔"精神烙印，崇尚自由、个人利益和自身价值的实现，性格相对张扬、外露，看重结果；而中国经过 5000 年的历史积淀，更崇尚平和的文化和集体主义的精神伦理，更看重过程。

（3）宗教和信仰差异。不同的民族有不同的宗教信仰，而不同的宗教信仰之间在本质上是相互排斥的。而宗教信仰往往又是相当敏感的话题。因此，在跨文化环境下，不同宗教信仰的个体和个体之间以及团队和团队之间宗教信仰的差异也会造成知识共享的障碍。

（4）行为方式差异。人们的行为方式的差异来源于不同民族行为习惯上的差异，而人们的这种行为方式的差异也会成为人们之间知识共享的障碍。

（5）种族优越感。如果某个种族或者某个国家的人对自己的文化有明显的优越感，持居高临下的态度甚至鄙视的言行对待其他种族或者其他国家的员工，势必会在合作和交流中产生纠纷及冲突，给知识共享带来巨大的障碍（赵衍，2008）。

第四节　组织绩效

绩效并非是一个崭新的概念，围绕绩效所展开的研究已经持续数十年，但是，由于绩效的重要性和复杂性，以及人力资源管理在企业管理中的重要性不断提高，绩效领域的相关研究依然是众多学者的研究热点。关于绩效的概念及结构，学术界所提出的结论也不尽相同，但是，大家普遍认为，绩效是企业或组织完成其目标的程度。结合前人的研究成果，究其争论焦点主要集中在两个方面：一是认为绩效是结果，二是认为绩效是行为。

绩效是衡量组织效率的一项重要指标，随着绩效内涵的不断扩大，组织绩效的测度内容也在动态变化之中。有些侧重于测量组织有效性、组织效率性、组织柔韧性、组织成员的满足度等。组织目标的达成最终以绩效的形式表现出来，因此，组织绩效的测量尤其重要。并且组织目标的达成，从经济角度来说，既要实现盈利目标，又要满足员工需求，也就是说，人的需求的满足也需要被考虑进去。但是，这些概念不是独立的，而是相互联系的。

随着人们对知识管理重要性认识的提高，为测量知识共享成果而进行了各种研究（Arora，2002；Gooijer，2000），但类似于知识这种属于无形资产的管理活动的成果则很难测量（Kaplan and Norton，2005）。

本书对知识共享行为从个人和团队层面进行分析，对于组织绩效和创新行为可以通过学习后能力提高的观点，从个人和团队层面分析员工认知的业务绩效和创新行为。

一 业务绩效

对于通过知识共享所带来的业务绩效，不同学者有不同的定义。业务绩效从目标达成程度、生产性、适应力等多个角度去测量，与目标成就、上司的评价以及效率等也有直接的关系（Pincus，1986）。作为知识共享成果的业务绩效，主要定义大致可以归纳如表 2 - 7 所示。

表 2 - 7　　　　　　　　　　业务绩效概念

研究者	概念定义
佩吉和托马斯 （Page and Thomas，1977）	个人以及团队活动的成就度或达成程度
卡罗尔和施纳尔（Carrol and Schneier，1977）	与组织成员的行为和职务紧密联系起来，这是组织成员根据直觉、动机、努力、能力、职能等来实现多少组织任务与目标的程度相关的指标
平库斯（Pincus，1986）	目标达成的程度、生产性、适应力等
特特和梅耶 （Tett and Meyer，1993）	是指组织员工的任务完成程度
韦因和利登 （Wayne and Liden，1995）	在自我成果评价项目中，对整体业务绩效水平，与从事类似职务的人相比优秀的程度。一般分为对业务中的角色、任务完成程度和整体业务达成程度
李红在、车荣镇 （2006）	组织成员通过知识管理活动所提高的业务执行能力以及行政业务处理的创新程度

资料来源：笔者整理。

根据以上研究中学者提出的有关业绩的多种概念，可知业务绩效与目标达成的程度、生产性、效率性等有密切的联系，也是衡量组织成员目标达成程度的概念之一。本书对业务绩效的概念定义引用范·德文和弗里（Van de ven and Ferry，1980）的定义，即个人业务绩效是从业务的质量、业务的数量、业务的知识程度、业务执行的信任度、整体业务的执行程度来定义的。对于团队业务绩效水平认知，可以定义为：与他人所属的团队比较，自己所属的团队的业务成果的数量、业务处理的正确性以及团队目标达成的效率性，体现团队全体成员士气的行为等。本书对团队业务成果的测量主要来自对团队业务水平认知程度，因此，将业务业绩定义为团队业务绩效水平认知。

二　创新行为

组织是在变化的环境中存在的动态体。过去，在传统的采用稳定的经营管理环境下，是通过工作的标准化实现效率最大化的指示和以控制为中心的传统管理模式。现在，在复杂动态的环境之下，更多的是需要以创造新的价值的创新为中心的现代式管理模式。如果没有组织成员的创新行为，组织就会停留在静止的状态下，最终会因无法适应环境的变化而淘汰。

关于创新行为的相关定义大致可以总结如表2-8所示。

表2-8　　　　　　　　　　　　创新行为的相关定义

研究者	概念定义
埃特利和奥基夫 （Ettlie and O'Keefe，1982）	创新行为可以被个人的创新性以及对创新态度的测量来替代
韦斯特和法尔 （West and Farr，1989）	创新行为是有意识地引进和使用新的创意、程序、产品等来提高绩效
达曼波和埃文 （Damanpour 和 Evan，1984）	创新就是组织成员拥有新的产品或服务、新的生产技术、新的结构和管理系统、新的计划以及程序
德鲁克（1985）	创新是目标指向性的，是追求组织变化的过程
范·德文（1986）	人们通过相互作用在制度化的秩序中开发新的创意以及执行它

资料来源：笔者整理。

到目前为止，对创新行为的研究主要是以组织以及产业或者以国家为单位，但最近个人层面的研究开始受到人们的关注。组织为了适

应不断变化的环境，需要在管理上创新，需要做出提高业务效率、减
少费用等努力。而这些行为的主体是人，因此，员工的创新行为就成
为重要的管理对象。

过去，在稳定的经营管理环境下，以生产为中心的观点，强调的
是生产性。而如今在面临动态复杂的环境下，企业强调创造顾客和市
场导向附加值的创新成果。因为这种工作环境的变化带来使创新成果
作为业务执行后衡量绩效的重要变量来考虑（Robbins，1993）。

根据以上定义以及斯科特和布鲁斯（Scott and Bruce，1994）研
究中提出的定义，本书所说的个人创新行为不仅包括新的创意的执
行，而且还包括组织从外部采纳新的产物或过程。团队创新行为的定
义采用巴萨杜尔等（Basadur et al.，1990）、斯科特和布鲁斯（1994）
研究中的概念，团队成员刺激和促使他人的创意，树立执行新的创意
所需要的适当的计划等的行为来定义。对团队创新行为的测量是通过
个人对自己所属团队的创新行为水平的认知程度，因此统称为团队知
识共享水平认知。

第五节　个人文化倾向

世界经济全球化，跨国企业的发展和区域性经济组织的出现，使
组织中人们之间的文化差异比较研究成为 20 世纪后期的研究热点之
一。1984 年，霍夫斯特德（Hofstede）提出，文化差异主要体现在四
个维度上：权利距离、个人主义和集体主义、不确定性回避、男性化
与女性化。其中，对个人主义和集体主义的研究是 20 世纪 80 年代跨
文化心理学研究的主要问题之一。Kagitcibasi 和 Berry（1989）认为，
这些研究不仅关注这一维度对人力资源管理过程的影响，而且对个人
主义和集体主义的结构进行了大量研究。

一　文化的概念及构成要素

（一）文化的概念

对于文化的概念，不同的学者有不同的定义。对文化比较传统的

定义来自文化人类学者泰勒（Tylor，1870），他把文化定义为："知识、信念、艺术、道德、法律、习惯以及作为社会成员所获得的能力的复合体。"斯坦顿（Stanton，1978）认为，"文化是人类可以学习的，是继承下来的，类似于生活方式"。弗拉罗（Ferraro，1990）认为，"文化是通过共享的经验，包括在特定社会内转移到个人生活中的所有的被学习的行为和价值观"。

对文化的定义，学者虽然有不同的观点，但是，对于文化所具有的三个特征，学者的观点几乎是一致的（Hall，1977）。这三个特征是：第一，文化不是先天的，而是通过学习而获得的。第二，文化的几个构成要素之间是相互关联的。第三，文化被特定团队的成员共享，并使其团队成员与其他社会成员明显地区分开来。

（二）文化的构成要素

分析文化差异、理解文化差异而最为普遍的方法就是学习构成文化的要素。一个社会的文化不是独立存在的，而是由诸多相互联系的构成要素之间维持密切的联系而形成的一个庞大的体系。但是，构成这种体系的要素很多，要找出所有的与之相关的要素，具有很多困难。因此，学者归纳总结出能代表文化特征和内容的几个要素（见图2-3），并对它们进行具体分析。

1. 语言

作为人们之间沟通和交流手段之一的语言（Language）是最为重要的文化要素之一。

2. 宗教

宗教是对国际经济活动产生巨大影响的道德与伦理标准的主要决定因素之一，但无法确定每个宗教的性质。

3. 美学

在国际经济活动中，必须要考虑的是各个国家国民的艺术性和直觉性倾向。

4. 社会制度

社会制度的构成要素有社会组织、政治组织、教育等。

5. 价值观及态度

在与价值观及态度相关的诸多内容中，对企业经营活动产生重大影响的因素有对时间的态度、成就感以及对工作的态度、对变化的态度等。

6. 物质文明

物质文明不仅仅是指人类所有的各方面的物质，而且与人们创造物质的方法（技术）和由谁做以及为什么做（经济）相关联。

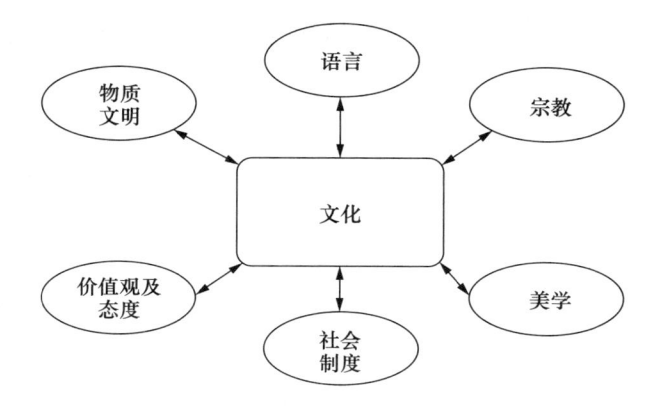

图 2 - 3　文化构成要素

资料来源：吕润小：《跨国企业管理论》，（韩国）Heyongsong 出版社 2009 年版，第99 页。

二　文化环境分析模型

（一）克鲁克霍恩模型

文化人类学者克鲁克霍恩（Kluckhohn）为了比较不同社会文化倾向，对人的本性、人与自然的关系、活动方式、时间指向性、空间指向性 6 个基本要素提出了疑问（Kluckhohn and Strodtbeck，1961）。阿德勒（1983）也认为，这 6 个基本要素对态度和行为的形成产生直接的影响，是人的价值的具体体现。但这种模型只针对文化各个层面中的一部分，而不能完全解释整体文化的概念（元忠根，1988）。

（二）霍夫斯特德模型

1980 年，霍夫斯特德调查了 40 多个国家所具有的文化倾向。

1984 年，霍夫斯特德提出，文化的差异主要体现在四个维度上：权利距离、个人主义和集体主义、不确定性回避、男性化和女性化。其中，对个人主义和集体主义的研究是 20 世纪 80 年代跨文化心理学研究的主要问题之一。这一理论的提出，在跨文化交际圈内立即得到了广泛的认可，很多学者认同他的观点，认为集体主义和个人主义是一个维度上的两极，非此即彼，相互对应。受这种理论的影响，西方人逐渐地对中国文化形成了一种刻板印象，认为中国文化就是纯粹的集体主义文化。

（三）特里安迪斯（1995）提出的他人中心性与自我中心性

特里安迪斯（1991）在研究中指出，集体主义与个人主义这两种倾向不仅存在于文化之间，而且可能在同一社会内部，甚至在同一个群体、同一个人中都存在着。特里安迪斯（1995）认为，美国人的个人主义倾向主要表现在强调竞争和地位，而瑞典人则主要表现在更看重平等。近年来，跨文化心理学者研究中，个人主义和集体主义是由霍夫斯特德主张的国家角度，从比较文化观点出发，认为文化是一个维度上的两极，非此即彼，相互对应。而特里安迪斯研究的侧重点在于从个人角度来分析文化倾向，认为是他人中心性、自我中心性的心理层面上的个人差异。根据每个人所处的情境不同，他人中心性与自我中心性是存在于内心的两面性，并且也有人同时具有这两种特性（Hui，1988；Sinba and Tripathi，1990）。

特里安迪斯（1995）认为，集体主义和个人主义在一个文化圈内通过个体表现出来，对于更能体现个人特征的领域，我们称之为自我中心性；对于包含更多集体以及团队的部分，我们称之为他人中心性。

三　跨文化环境分析

（一）跨文化的概念

跨文化环境是指不同文化背景的人在一起工作和生产的环境。20世纪 70 年代后期，日本经济实力不断强大，日本跨国企业和合资企业出色的经营管理能力给美国带来了很大的压力。美国管理学家在对比研究了日本和美国的企业管理模式后，认为美国的理性化管理方式太死板，不利于发挥人们的创造性，无法让员工建立对企业的忠诚。他们认为，只有塑造一种有利于创新同时又能将价值与心理因素整合的文化，才能支撑企业的长期发展和永续经营。因此，跨文化研究在美国开始兴起，并慢慢地扩散到欧洲乃至世界各国。

（二）跨文化类型

从范围上讲，跨文化有三层含义，也就是三种类型。

1. 跨组织文化

组织文化是组织成员共同保持的意义体系，它使组织与众不同，是组织成员面对问题时的参考标准（Robbins，1996）。不同的组织有都有自己的文化，在组织之间进行合作时，管理层之间以及操作层之间不可避免地会产生文化上的冲突。

2. 跨地域文化

即使在同一国界内，不同的地域也有不同的文化。协调得不好，不同地域文化之间会产生强烈的冲突。

3. 跨民族或国家文化

不同民族、不同国家之间的文化差异最大，主要表现在民族或国家历史、价值观、宗教信仰、行为方式等方面。跨民族或国家文化是目前跨文化研究的重点。

第三章　总体研究设计

第一节　研究模型设计与研究假设

一　研究模型

本书以之前的研究成果为依据，构建研究模型。其中，模型的独立变量为直属上司的交易型领导力和变革型领导力；结果变量为组织绩效，包括个人业务绩效、团队业务绩效认知水平、个人创新行为、团队创新行为认知水平；中介变量为知识共享，包括个人知识共享行为和团队知识共享水平认知。为了分析直属上司的领导力、追随者知识共享水平的影响程度中个人文化倾向特征的调节作用，把个人文化倾向即他人中心性和自我中心性倾向设为本书的调节变量。因此，本书模型大致概括如图3-1所示。

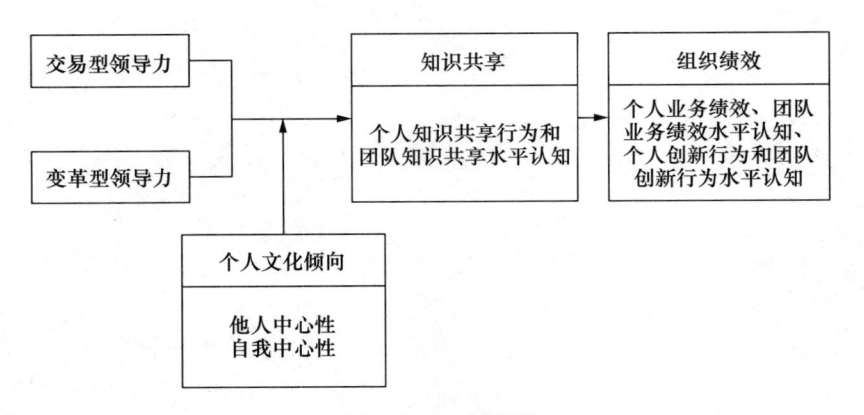

图 3-1　本书模型

二　研究假设

（一）领导力与知识共享

达文波特和普鲁萨克（1998）、黄等（Huang et al. ，2008）指出，既然追随者的知识共享是提高组织绩效的重要因素，那么寻找提高知识共享的促进因素是非常有意义的研究。知识的储藏是人类的特征，因此，知识共享活动比命令更加有效的方法就是促进。最近，人们在探索促进知识共享的人为要素过程中，越来越多的学者开始关注领导力。克利维兰（Cleveland，1995）在其专著中提出："领导力对组织知识管理产生积极影响，因此，为了促进知识管理，需要充分利用相互交流以及人际交往。"他提出，知识管理具有两个规则：其一是科学技术的运用；其二是人际关系的运用。Lang（2001）也提出，在组织中，成员的相互关系是知识创造、共享和运用的决定性因素。

虽然大部分学者的研究提出，领导力与知识共享之间具有相关关系，但是，大部分研究还停留在理论研究阶段。而交易型领导力和变革型领导力理论较为复杂，并且其研究焦点放在急速变化的环境之下所需要的具体的领导力行为。

交易型领导力与权变奖励相关。哈里斯研究中心（The Harris Research Center）针对英国100个企业进行的调查结果显示，员工认为，为了更好地进行知识共享，有必要提供补偿以及奖励。其中有39%的人回答，组织内知识共享未能活跃地展开的主要原因是未达到合理的补偿。Chen和Barnes（2006）对以专家服务组织为研究对象进行调查，结果显示，交易型领导力的权变奖励能够显著地促进知识共享行为。同时，Bartol和Srivastava（2002）、奥尔德汉姆（Oldham，2003）、王等（2014）在研究中也提出，外在的补偿比如现金奖励和加薪等行为有利于提升员工的知识共享行为。

变革型领导更多地侧重内在的补偿体系。在知识共享中，很多研究强调外在补偿的重要性。奥德尔和格雷森（1998）提出，随着时间的推移，员工除金钱上的补偿之外，也需要从业务本身获得一些补偿。如果能够更加有效率地完成任务或者被同事或领导者认为是专家或贡献者的话，更能促进他们的知识共享行为。克劳福德（Crawford，

2005）从个人层面出发，以845名学生为对象，进行了相关研究，结果显示，变革型领导能够显著地促进知识管理（知识储藏、共享以及运用）。

卡梅利（2011）、贝赫里（2008）等研究表明，变革型领导能够有效地促进知识共享。

第一，变革型领导通过行为示范在组织内部树立道德典范，营造成员之间互信的氛围，获得员工尊敬，使员工愿意跟随和效仿变革型领导高道德标准的行为，倾向于其他成员分享自己的知识和技能。

第二，愿景激励的领导行为以鼓舞人心的愿景刺激员工，使员工对实现愿景保持乐观、充满信心，并且鼓励员工为了组织利益牺牲自身利益，使员工在实现自身目标时以组织目标的实现为前提，倾向于分享自己的知识以服务组织。这样，可以防止知识拥有者可能因为与他人共享知识而失去某种权威地位，从而缺乏共享知识的意愿。

第三，变革型领导鼓励创新，培育和发展独立思考的员工，鼓励员工积极发表和分享自己的想法，并对知识进行创新。变革型领导有助于组织形成学习的氛围，从而促进了知识接收者的共享意图。

第四，变革型领导的个性化关怀行为通过员工开放性的沟通、倾听员工意见、顾及员工需求，使员工对组织产生强烈的归属感和信任感，从而激励了知识贡献者（李圭泉、席酉民、刘海鑫，2014）。

Rose S. Lin（2014）对710名护士进行了调查研究，结果显示，变革型领导能够促使护士团队内的知识共享行为。研究者认为，知识共享行为与领导者的变革型领导力有直接的联系，因为领导者的变革型领导行为能够激发员工和促使员工改变一些行为以及思想，让他们主动地与他人共享知识。

因此，我们提出假设：

假设1 交易型领导力效果

假设1-1 交易型领导力对追随者个人知识共享行为和团队知识共享水平认知有显著的正向促进作用。

假设1-2 交易型领导力对追随者个人业务绩效、团队业务绩效水平认知有显著的正向促进作用。

假设 1 - 3　交易型领导力对追随者个人创新行为和团队创新行为水平认知有显著的正向促进作用。

（二）领导力与组织绩效

领导者的领导力发挥最终影响组织的业务绩效。那么，领导效能与业务绩效之间存在怎样的关联性呢？领导效能，简单地说，就是领导者实现领导目标的能力以及领导目标实现的效率和效果的综合。在理论研究方面，所有对领导理论的研究最后都归结于研究领导的有效性，实际上，领导的有效性问题也就是领导效能问题。菲德勒在《领导效能解析》中给出了领导效能的定义。他认为，领导效能是指全体成员执行其基本分配任务所能获得成功的程度。从这个定义能够看出，要衡量领导效能，主要看群体执行任务的成功程度（任嫒嫒，2015）。

刘晖（2012）运用实证研究发现，交易型领导与组织创新显著正相关，并证实了组织学习在其中起到的部分中介作用。

变革型领导理论关注领导者激励下属实现目标的过程。变革型领导不仅能满足下属暂时的精神需求与物质需求，还能激发其高层次的需求，让他们意识到所承担任务的重要意义，从而促使其为了团队、组织的利益而超越甚至牺牲个人的利益（陈春花等，2016）。

无论是在西方背景下的研究还是在国内儒家文化背景下的研究，我们都可以发现，变革型领导力作为组织绩效重要的前因变量，对组织绩效存在直接或间接的影响。通过愿景的描述与传播，变革型领导力不仅可以指引组织目标发展方向，满足追随者的要求，刺激和培养他们的智力，提升组织绩效，而且可以培养对团队目标的认同感，激励团队成员发挥内在潜力来改善组织绩效（李宁其等，2015）。

从组织层面探讨变革型领导效应主要依据高层梯队理论。高层梯队理论认为，战略选择反映决策者的特质，之前的研究将高层领导者的自身特质作为直接影响组织绩效的因素，后来逐渐发展为探讨高层领导者的特质如何通过决策过程来影响组织绩效。将变革型领导力这一过程变量引入高层梯阶理论研究，遵循的是领导者行为影响其决策和沟通过程，进而影响组织绩效这一逻辑主线，这是高层梯队理论的新发展（朱慧、周根贵，2016）。

当今的组织环境变化迅速，需要高度的专业性。为了达到预期的目标，领导者有效的领导力是必不可少的。有效的领导力不仅能给个人提供成长与发展的机会，而且能够使团队成员更加配合，共同完成组织的目标（Hersey and Blanchard，1982）。

关于领导力和工作绩效的关系，国内外都有大量的研究，研究结果显示，领导风格与工作绩效之间存在显著的相关关系（Chi，N. W.，2012，；SHIN，S. J. et al.，2012；陈春花等，2016）。王凤彬（2011）在动态外部环境下分析发现，变革型领导对组织绩效具有积极的影响作用。陈晓红（2012）等通过对中小企业领导人问卷调查研究发现，领导者的变革型领导行为能够提升企业绩效（陈春花等，2016）。总之，研究者对不同文化、不同市场环境、不同规模的企业的研究均表明，变革型领导力对组织绩效的提升具有促进作用。

普伦（Pullen，2005）等认为，变革型领导力是成功领导行为的关键构成，有效的领导能够产生组织的共同愿景，有利于组织调配内部资源，进一步提高组织绩效水平。对于变革型领导力的研究（Byycio，Hackett and Allem，1995；Barling，Weber and Kelloway，1996；Dvir，Even，Avolio and Shamir，2002）具体验证了变革型领导力能够显著预测组织绩效。

王（2011）等更为全面地估算了变革型领导力与个体、团队、组织绩效以及个体任务、关系、创新的相关性（陈春花等，2016）。因此，我们提出假设：

假设 2　变革型领导力增幅效果

假设 2 - 1　变革型领导力比交易型领导力更能促进个人知识共享行为和团队知识共享水平认知。

假设 2 - 2　变革型领导力比交易型领导力更能促进个人业务绩效和团队业务绩效水平认知。

假设 2 - 3　变革型领导力比交易型领导力更能促进个人创新行为和团队创新行为水平认知。

（三）知识共享与组织绩效

知识共享的最终目的在于提高组织绩效，因此，知识共享与组织绩效有直接的联系（Nonaka and Konno，1998）。很多学者也在不同层面上分析了知识共享与组织绩效之间的关系。

在知识基础观视角下，知识管理被作为一种全新的组织管理模式，对其测度主要基于绩效视角，从战略管理角度考察知识管理活动的整体效力，如 Tseng（2008）将知识管理活动划分为知识管理战略、知识管理计划和知识管理实施三个部分，考察了组织财务绩效表现。Jie Yang（2013）采用供应链整合和采购商—供应商关系稳定性两个指标考察了知识管理的联合绩效。由于知识管理的结果具有模糊性及难以量化性，因而无法形成有效、科学且易于操作的衡量标准，尤其是对于组织的隐性知识效力评价难以掌握。

很多研究表明，知识共享对业务绩效产生积极影响。也就是说，企业如果开展知识管理活动，普及知识共享重要性，人人参与到知识共享，个人业务绩效将会提高（Ein – Dor and Segev，1978；Igbaria and Tan，1997）。知识共享的结果，会缩短个人业务时间，提高生产性，提高个人对业务的自信（Gueutal et al.，1984；Grawford，1982）。

企业成员通过知识转移和吸收，促进了企业之间的合作和交流，通过不同的社会网络和社会渠道，实现思维的碰撞，创造新知识，提高企业创新绩效；而企业内部知识流动，能提供成员相互学习与合作的机会，并刺激知识的创造，增强组织的创新能力（Josune，2012）。企业知识共享行为增进了企业不同部门的合作和理解，基于企业共同的价值观和信念，增强企业内在向心力，减少个体成员利益冲突，鼓励员工将知识共享给他人或企业，企业给予奖励或者回报，这样，企业可以减少许多重复性劳动和离职损失，形成企业独特的竞争力（陈涛，2015）。

同时，知识共享对团队业务绩效也产生积极影响。Chevron Corp. 公司引入知识共享管理后，结果显示，1 年内节约了 2000 万美元的费用。并且共享能源使用相关信息后 1 年节约了 1.5 美元的费用（Consortium Benchmarking Study，1996）。

在知识化、网络化趋势下，知识共享和交流有助于大幅度提高组织内部的创新能力。而且知识共享对于员工个人创新行为的促进作用已被大多数研究所证实。张杰（2009）通过实证研究发现，员工通过知识共享能够显著提高个人的创造能力。另外，路琳和梁学玲（2009）研究了知识共享在人机互动与创新关系之间的中介效应，研究结果显示，员工之间的知识共享行为与个人创新正相关。在组织中，那些乐意分享知识的员工更容易得到组织与同事的认同，员工个人的自我效能感由此获得满足，从而更加敢于实施创新行为。

知识共享开展活跃，能提高员工创造性，提高业务绩效。知识共享结果，可以使员工积极开发和创造新的创意，从而推动革新行为。新的创意和方案来自知识共享，因此，知识共享对创新行为具有显著的促进作用（陈大仙，2007）。

同时，知识共享结果，将带来个人创新行为和团队创新行为认知的提高。

因此，我们提出假设：

假设 3　知识共享对个人和团队业务绩效、创新行为效果

假设 3 - 1　个人知识共享行为对个人业务绩效和团队业务绩效水平认知有显著的正向促进作用。

假设 3 - 2　团队知识共享水平认知对个人创新行为和团队创新行为认知有显著的正向促进作用。

（四）知识共享的中介作用

有学者研究发现，变革型领导有时并不直接影响组织绩效，两者之间存在复杂的中介过程。如维克多（Victor，2007）、阿尔伯托（Alberto，2007）等研究发现，变革型领导通过组织的知识管理、组织学习过程，提高组织的吸收能力和创新水平，进而提升组织绩效（朱慧、周根贵，2016）。

阎海峰（2010）认为，承诺型人力资源管理实践并不直接作用于最终组织创新结果，而是通过知识分享等重要的组织中介发挥作用。林子芬（2013）提出，组织环境中的知识共享特别是隐性知识共享，往往与组织拥有的社会资本水平联系紧密，在组织的社会资本与员工的创新行为关系中，知识共享发挥着特殊的中介作用。朱新楠（2015）认为，知识共享根据组织承诺的类别对企业创新绩效产生不同的中介作用。

　　学者对于知识共享的成功要素的研究（Nonaka and Takeuchi，1995；Roos and Roos，1997）与知识共享的障碍因素相关研究（Ernst and Yong，1997；Devenport and Prusma，1998）表明，组织成员之间的相互作用是成功促进知识共享行为的主要因素。奥德尔和格雷森（1998）提出了知识共享效果不佳的 5 个理由，其中就包括人们之间交流的缺乏。因此，为了提高个人知识共享行为以及团队知识共享水平认知，需要由领导力来促进其员工的动机，使他们具有更高的目标。实现目标的过程会促使个人绩效与团队绩效、个人创新行为与团队创新行为的活跃。

　　因此，我们提出假设：

假设 4　个人知识共享行为和团队知识共享水平认知的中介作用

　　假设 4 - 1　个人知识共享行为在交易型领导力与个人业务绩效、团队业务绩效水平认知、个人创新行为、团队创新行为水平认知之间起到了一定的中介作用。

　　假设 4 - 2　团队知识共享水平认知在交易型领导力与个人业务绩效、团队业务绩效水平认知、个人创新行为、团队创新行为水平认知之间起到了一定的中介作用。

　　假设 4 - 3　个人知识共享行为在变革型领导力与个人业务绩效、团队业务绩效水平认知、个人创新行为、团队创新行为水平认知之间起到了一定的中介作用。

　　假设 4 - 4　团队知识共享水平认知在变革型领导力与个人业务绩效、团队业务绩效水平认知、个人创新行为、团队创新行为水平认知之间起到了一定的中介作用。

　　（五）个人文化倾向的调节作用

　　领导力受文化倾向的影响。豪斯等（2002）根据领导力理论提出，与特定文化价值一致的领导力行为更能被接受，并且有效。这说明，根据员工及追随者的文化背景以及价值观的不同，将会有更有效的领导力方式存在。虽然交易型领导力和变革型领导力独立地对知识共享产生影响，但其关系受文化因素的影响，并产生不同的效果。为了激发积极主动的知识共享行为，领导者如果发挥符合其追随者文化倾向的领导力方式，会更加有效。

同时，调节匹配理论（Higgins，2000）认为，当个体追求目标的方式和他的调节倾向一致时，就会感受到一种"匹配"的价值，这种匹配的价值使个体认为自己在做正确的事，并且能提高个体对于做这件事的评价，认为活动有意义、有价值、有趣的。当个体对外界激励的感知与自己的调节倾向（促进型或防御型）匹配时，会获得更多来自匹配的价值，将倾向于更加努力地追逐目标，从而会表现出更好的态度、行为与绩效（李圭泉、席酉民、刘海鑫，2014）。

有研究指出，变革型领导的效能会因不同的文化背景而表现出跨文化差异性（Walumbwa，2005；朱慧、周根贵，2016）。但是，由于目前从组织层面探讨文化差异是否影响领导行为有效的文献还比较缺乏，因此，在东西方文化不同的背景下，变革型领导力对组织绩效产生的影响是否有差别，尚不能妄下定论（朱慧、周根贵，2016）。一般认为，西方文化崇尚个人主义，强调个人利益，而东方文化强调集体主义，讲究人际交往和关系。陈永健（2009）在研究变革型领导与个体、团队层面绩效关系时发现，变革型领导在集体主义文化倾向下比在个人主义文化倾向下有更好的表现，且个人主义文化倾向对变革型领导的有效性会产生负向调节作用。崔明哲（2010）等在实证分析了中国和韩国企业不同领导风格及与组织承诺之间的关系的差异后，得出高个人主义国家（文化）宜采用交易型领导、高集体主义国家（文化）宜采用变革型领导的研究结论。

在社会层面的文化价值观运用到个人角度的文化价值观后，交易型领导力和变革型领导力的效果将会不同。Walumbwa 等（2007）在研究中利用了他人中心性与自我中心性的概念，比较分析了交易型领导力和变革型领导力的效果。具有他人中心性倾向的人更加注重团队内部与他人的关系，努力维持团队内部协调，并把自己看成是组织中必不可少的一员。变革型领导力使员工认识到团队目标达成的重要性以及价值，并要求为团队以及组织做出贡献。因此，更容易被具有他人中心性倾向的人们所接受。相反，具有自我中心性倾向的人，把自己看成是社会中最基本的单位，把自己的利益看成是最为重要的。交易型领导力的权变奖励、角色任务要求非常明确，在完成预期目标情况下会给予物质奖励等，因此，对于具有自我中心性倾向的人更有效。Walumbwa 等（2007）提出，对他人中心性倾向的人来说，变革型领导力更能促进他们的行为，对自我中心性倾向的人来说，交易型领导力更能促进他们的行为。

因此，我们提出假设：

假设 5　他人中心性与自我中心性倾向的调节作用

假设 5 – 1　他人中心性倾向越强，变革型领导力比交易型领导力能更好地促进个人知识共享行为。

假设 5 – 2　他人中心性倾向越强，变革型领导力比交易型领导力能更好地促进团队知识共享水平认知。

假设 5 – 3　自我中心性倾向越强，交易型领导力比变革型领导力能更好地促进个人知识共享行为。

假设 5 – 4　自我中心性倾向越强，交易型领导力比变革型领导力能更好地促进团队知识共享水平认知。

第二节　研究方法

一　变量的定义及测量

（一）变革型领导力

变革型领导力是变化追随者的价值体系与信念。为了使追随者达到期待的成果，预期目标以及通过智慧的激发等来促进对工作的投入，从而认识到自己工作的重要性，最终达到组织和团队绩效的行为。本书为了测量变革型领导力，使用了 Bass 和 Avolio（1995）的 MLQ – 5X（Mu/tifactor/eadekship Questionnatre）变革型领导力权变奖励中的 20 项指标。测量方法采用李克特 5 分等级表。

（二）交易型领导力

为了测量领导者的领导力，本书使用 Bass 和 Avolio（1995）的

MLQ – 5X 中交易型领导力权变奖励 4 项指标。测量方法是：通过李克特 5 分等级表，由追随者直接对领导者进行评价，由"1 表示完全不同意"到"5 表示完全同意"，分别为完全不同意、比较不同意、不确定、比较同意和完全同意 5 个选项。

（三）知识共享

1. 个人知识共享行为

个人知识共享行为是指个人向他人公开与共享业务相关知识、积极帮助他人的行为。采用拉格勒斯（1998）、Fishbein 和 Ajzen（1975）研究中使用的 6 项指标，测量方法采用李克特 5 分等级表。

2. 团队知识共享水平认知

团队知识共享水平认知是团队成员公开自己的知识、接收他人知识的行为，采用了 Szulanski（1996）、Kohil（1993）、金闵政（2005）研究中使用的 4 项指标，测量方法采用李克特 5 分等级表。

（四）组织绩效

1. 个人业务绩效

个人业务绩效是指业务质量、业务数量、业务知识含量、业务执行的信赖度以及总体业务完成程度。

本书采用范·德文和弗里（1980）研究中使用的 5 项指标，测量方法采用李克特 5 分等级表。

2. 团队业务绩效水平认知

团队业务绩效水平认知是指与其他团队相比，自己所属团队的业务成果数量、绩效、业务处理的正确性以及团队目标达成的效率性、团队全体成员的士气程度。

本书也采用范·德文和弗里（1980）研究中使用的 5 项指标，测量方法采用李克特 5 分等级表。

3. 个人创新行为

个人创新行为是不仅在新的创意的执行上，并且包含积极采用组织从外部吸收的事物以及过程。

本书采用斯科特和布鲁斯（1994）研究中使用的 6 项指标，测量方法采用李克特 5 分等级表。

4. 团队创新行为水平认知

团队创新行为水平认知是团队成员之间相互激发以及增进他人的创意、树立执行新的创意所需要的计划等行为。

本书采用巴萨杜尔等（1990）、斯科特和布鲁斯（1994）研究中使用的 5 项指标，测量方法采用李克特 5 分等级表。

（五）个人文化倾向

自我中心性倾向是指把个人看作社会知觉中最基本的单位，个人利益优先于团队目标的倾向。

他人中心性倾向是指重视团队关系，努力维持团队内部成员之间相互依存度，并且总是先把自己看成是团队内一员的倾向。

本书采用辛格利斯、特里安迪斯、Bhawuk 和 Gelfand（1995）、特里安迪斯（1995）的 23 项指标，测量方法采用李克特 5 分等级表。

二 问卷构成

表 3-1　　　　　　　　　　　问卷构成

区分	变量名		问卷		个数	
			题项			
独立变量		交易型领导力	A	21—24	4	Bass 和 Avolio（1995）、MLQ-5X
	变革型领导力	领导魅力	A	1—8	20	
		鼓舞性激励	A	9—12		
		智能激发	A	13—16		
		个性化关怀	A	17—20		
中介变量	知识共享	个人知识共享行为	B	1—6	6	拉格勒斯（1998）、Fishbein 和 Ajzen（1975）
		团队知识共享水平认知	B	7—10	4	Szulanski（1996）、Kohil（1993）、Minzheng（2005）

续表

区分		变量名	问卷			
			题项		个数	
结果变量	组织绩效	个人业务绩效	C	1—5	5	范·德文和弗里 (1980)
		团队业务绩效水平认知	C	6—12	7	
		个人创新行为	C	13—18	6	斯科特和布鲁斯（1994）
		团队创新行为水平认知	C	19—23	5	巴萨杜尔等（1990）、斯科特和鲁斯（1994）
调节变量	个人文化倾向	他人中心性	D	1、3、6、7、9、13、15、16、18、21、23	11	辛格利斯、特里安迪斯、Bhawuk 和 Gelfand（1995）、特里安迪斯（1995）
		自我中心性	D	2、4、5、8、10、11、12、14、17、19、20、22	12	
基础统计调查						

第四章 实证分析

第一节 基础统计分析

本书的调查对象为中国境内 12 个韩国大型企业的中国员工。以中国境内 12 个韩资企业（员工 3000 人以上）的中国籍员工为调查对象进行了问卷调查，总共收到有效问卷 154 份，用于本书的实证分析。调查方式采用调查问卷法，并通过信件、电子邮件及直接访问等方式来回收问卷。

样本信息如表 4 - 1 所示。

表 4 - 1　　　　　　　　　样本信息一览

结构		频度（有效百分比）
性别 （样本 154 份）	男	77（50.0%）
	女	77（50.0%）
年龄 （样本 154 份）	20—29 岁	123（79.9%）
	30—39 岁	26（16.9%）
	40—49 岁	4（2.6%）
	50 岁及以上	1（6.0%）
学历 （样本 153 份）	高中以下	2（1.3%）
	专科毕业	15（9.7%）
	大学毕业	123（79.9%）
	硕士毕业及以上	13（8.4%）

续表

结构		频度（有效百分比）
职位 （样本 154 份）	职员级别	117（76.0%）
	代理级别	29（18.8%）
	科长级别	5（3.2%）
	部长级别	3（1.9%）
规模（员工数） （样本 154 份）	100 人以下	31（20.1%）
	101—500 人	18（11.7%）
	501—2000 人	48（31.2%）
	2000 人及以上	57（37.0%）
工作期限 （样本 153 份）	3 年以下	104（67.5%）
	3—5 年	27（17.5%）
	5—10 年	17（11.0%）
	10 年以上	5（3.2%）
工作性质 （样本 153 份）	生产、技术	34（22.1%）
	销售、营业	28（18.2%）
	财务、会计	14（9.1%）
	人事、企划、总务	10（6.5%）
	研发	21（13.6%）
	服务	10（6.5%）
	一般办公	17（11.0%）
	其他	19（12.3%）

第二节　因子、信度及相关关系分析

一　因子分析

本书所使用的领导力测量工具是前文所述的已经验证过的测量工具。为了验证变量的有效性，采用因子分析中的主成分分析方法，旋转方式选择为 Varimax 方式。

对自变量进行因子分析结果，变量的各个维度中逐个删除因子负荷小于 0.40 的题项，修正指数过大的题项。它们分别是理想化影响力、权变奖励和个性化关怀中各 1 项。另外，理想化影响力和鼓舞性激励两个维度合并为一个维度。因为这两个维度的合并在其他研究中已经反复多次被验证过。所以，本书把这两个维度视为一个独立变量。独立变量因子分析结果如表 4 – 2 所示。

表 4 – 2　　　　　　　　　独立变量因子分析结果

变量名		题项	因子 1	因子 2	因子 3	因子 4
变革型领导力	理想化影响力	A1	0.522	0.261	0.343	0.073
		A2	0.724	0.112	0.339	0.258
		A3	0.723	0.230	0.207	− 0.100
		A4	0.651	0.063	0.370	0.167
		A5	0.718	0.099	0.303	0.188
		A7	0.683	0.407	− 0.014	0.278
		A8	0.640	0.488	0.185	− 0.054
	鼓舞性激励	A9	0.563	0.502	0.116	0.166
		A10	0.621	0.380	0.065	0.345
		A11	0.752	0.284	0.113	0.194
		A12	0.688	0.364	− 0.001	0.274
	权变奖励	A13	0.269	0.588	0.235	0.147
		A14	0.273	0.692	0.096	0.385
		A15	0.286	0.806	0.097	0.067
		A16	0.214	0.661	0.404	0.088
	个性化关怀	A18	0.207	0.127	0.774	0.103
		A19	0.196	0.161	0.760	0.090
		A20	0.112	0.445	0.540	0.450
常数项			5.415	3.398	2.500	2.421
方差解释变异量（%）			25.786	16.179	11.906	11.531
累计方差解释变异量（%）			25.786	41.965	53.871	65.401

对于中介变量因子分析结果如表 4 – 3 所示。知识共享相关的个人知识共享行为和团队知识共享水平认知下的各个维度，区分为两个因子，其可行性也得到了验证。

表4-3   中介变量因子分析结果

变量名		题项	因子1	因子2
知识共享	个人知识共享行为	B1	0.799	0.144
		B2	0.734	0.333
		B3	0.784	0.307
		B4	0.831	0.125
		B5	0.610	0.486
		B6	0.748	0.276
	团队知识共享水平认知	B7	0.150	0.820
		B8	0.329	0.864
		B9	0.271	0.897
		B10	0.274	0.854
常数项			3.394	3.507
方差解释变异量（%）			36.939	35.072
累计方差解释变异量（%）			36.939	72.010

本书研究中因（结果）变量的因子分析结果如表4-4所示。对组织绩效量表做一阶验证性因子分析（CFA），逐个删除因子负荷小于0.4的题项，修正指数过大的题项，其题项为个人创新维度下的两个题项。删掉去除题项后，进行因子分析，结果显示，个人业务绩效、团队业务绩效水平认知、个人创新行为、团队创新行为水平认知等维度的可行性得到了验证。

表4-4   因（结果）变量因子分析结果

变量	题项	因子1	因子2	因子3	因子4
个人业务绩效	C1	0.236	0.803		
	C2	0.277	0.855		
	C3	0.103	0.832		
	C4	0.287	0.805		
	C5	0.247	0.821		

续表

变量	题项	因子1	因子2	因子3	因子4
团队业务绩效水平认知	C6	0.634	0.350		
	C7	0.762	0.357		
	C8	0.682	0.300		
	C9	0.813	0.176		
	C10	0.823	0.129		
	C11	0.836	0.210		
	C12	0.780	0.123		
个人创新行为	C13			0.210	0.797
	C14			0.285	0.821
	C15			0.286	0.795
	C16			0.317	0.775
团队创新行为水平认知	C19			0.713	0.375
	C20			0.877	0.213
	C21			0.837	0.344
	C22			0.806	0.233
常数项		4.378	3.838	2.933	2.902
方差解释变异量（%）		36.487	31.983	36.663	36.274
累计方差解释变异量（%）		36.487	68.471	36.274	72.937

本书研究中调节变量因子分析结果如表4-5所示。问卷引用辛格利斯、特里安迪斯、Bhawuk 和 Gelfand（1995）及特里安迪斯（1995）的问卷，最终分析时，参考特里安迪斯和 Gelfand（1998）的问卷，并使用了两者中重复的项。分析结果有自我中心性垂直4项（因子2）和水平2项（因子3），总共6项以及他人中心性6项（因子1）。因子2和因子3是垂直型和水平型自我中心相关题项，因此，把两者合并，看成自我中心性维度。删掉去除题项后，因子分析结果显示，他人中心性和自我中心性的测量题项各个维度的可行性得到了验证。

表 4 – 5　　　　　　　　　　　调节变量因子分析结果

变量名	题项	因子 1	因子 2	因子 3
他人中心性	D7	0.799	0.151	0.074
	D9	0.610	0.278	− 0.166
	D13	0.650	0.210	0.172
	D15	0.753	0.075	0.191
	D16	0.604	− 0.184	0.304
	D18	0.825	0.102	0.214
自我中心性	D2	0.046	0.726	0.01
	D5	0.028	0.662	0.237
	D8	0.592	0.483	− 0.087
	D11	0.355	0.535	0.024
	D14	0.032	0.145	0.856
	D17	0.410	0.178	0.646
常数项		3.694	1.729	1.455
方差解释变异量（%）		30.782	14.410	12.128
累计方差解释变异量（%）		30.782	45.192	57.320

二　信度分析

为了验证本书研究中使用变量的信度，进行了利用克隆巴赫 α 系数的信度分析。其结果如表 4 – 6 所示，显现出 0.637—0.922 区间的相当高的信度。一般研究分析中，其信度超过 0.6 以上就认为是信度较高，而本书研究中只有自我中心性变量的信度值为 0.637，相比之下较低，其他都在 0.7 以上。

表 4 – 6　　　　各变量信度（克隆巴赫 α 系数）及各变量平均值

区分	变量名	构成要素	题项数	平均	标准差	克隆巴赫 α 系数
自变量	变革型领导力	领导魅力	7（8）	3.938	0.711	0.890
		鼓舞性激励	4（4）	3.963	0.778	0.884
		权变奖励	4（4）	3.835	0.689	0.812
		个性化关怀	3（4）	3.818	0.698	0.747

续表

区分	变量名	构成要素	题项数	平均	标准差	克隆巴赫 α 系数
自变量		变革型领导力	20 (18)	3.813	0.606	0.937
		交易型领导力	3 (4)	3.294	0.784	0.742
媒介变量	知识共享	个人知识共享行为	6 (6)	3.962	0.676	0.891
		团队知识共享水平认知	4 (4)	3.620	0.826	0.922
因变量	组织绩效	个人业务绩效	5 (5)	3.629	0.646	0.908
		团队业务绩效水平认知	7 (7)	3.646	0.634	0.904
		个人创新行为	4 (6)	3.607	0.681	0.865
		团队创新行为水平认知	4 (5)	3.505	0.676	0.883
调节变量	个人文化倾向	他人中心性	6 (12)	4.161	0.630	0.829
		自我中心性	6 (11)	3.623	0.539	0.637

注：信度分析中所使用的题项数是通过因子分析最终确定的题项，括号内的数字是删除不符合条件的题项之前的题项数。

三 相关关系分析

经过分析，得到各变量之间的相关关系，具体情况如表 4 - 7 所示。

首先，个人知识共享行为与领导力各变量之间的相关关系如下：与变革型领导力（$r = 0.510$，$p < 0.01$）和交易型领导力（$r = 0.210$，$p < 0.01$）呈正相关关系。

团队知识共享水平认知与领导力各变量之间的相关关系如下：与变革型领导力（$r = 0.488$，$p < 0.01$）和交易型领导力（$r = 0.342$，$p < 0.01$）呈正相关关系。

本书研究中中介变量个人知识共享行为、团队知识共享水平认知与个人业务绩效、团队业务绩效水平认知、个人创新行为、团队创新行为水平认知之间相关关系，均呈正相关关系。

调节变量自我中心性和他人中心性与领导力各个变量之间的相关关系如下：他人中心性倾向与交易型领导力之间没有相关关系，与变革型领导力（$r = 0.490$，$p < 0.01$）呈正相关关系。

表 4-7 　变量之间的相关关系

变量	交易型领导力	变革型领导力	领导魅力	鼓舞性(愿景)激励	权变化奖励	个性化关怀	个人知识共享行为	团队知识共享水平	个人业务绩效水平认知	团队业务绩效水平认知	个人创新行为认知	团队创新行为水平他人中心性	自我中心性	性别	年龄	学历	职务	规模	工作年限
交易型领导力	—																		
变革型领导力	0.721**	—																	
领导魅力	0.527**	0.912**	—																
鼓舞性(愿景)激励	0.515**	0.856**	0.755**	—															
权变奖励	0.510**	0.830**	0.679**	0.651**	—														
个性化关怀	0.543**	0.721**	0.544**	0.496**	0.564**	—													
个人知识共享行为	0.210**	0.510**	0.510**	0.452**	0.443**	0.376**	—												
团队知识共享水平	0.342**	0.488**	0.391**	0.360**	0.546**	0.390**	0.597**	—											
个人业务绩效认知	0.226**	0.329**	0.293**	0.260**	0.294**	0.269**	0.397**	0.228**	—										
团队业务绩效绩效水平认知	0.272**	0.495**	0.451**	0.402**	0.482**	0.397**	0.510**	0.424**	0.536**	—									

	交易型领导力	变革型领导力	领导型魅力	鼓舞性（愿景）激励	权变奖励	个性化关怀	个人知识共享行为	团队知识共享水平认知	个人业务绩效认知	团队业务绩效水平认知	个人创新行为认知	团队创新行为水平认知	他人中心性	自我中心性	性别	年龄	学历	职务	规模	工作年限
个人创新行为	0.248**	0.365**	0.296**	0.323**	0.296**	0.369**	0.383**	0.357**	0.461**	0.562**	—									
团队创新行为水平认知	0.347**	0.440**	0.320**	0.297**	0.494**	0.432**	0.320**	0.522**	0.244**	0.538**	0.621**	—								
他人中心性	0.152	0.490**	0.517**	0.442**	0.402**	0.391**	0.499**	0.218**	0.369**	0.469**	0.433**	0.300**	—							
自我中心性	0.170*	0.282**	0.242**	0.251*	0.201*	0.292**	0.270**	0.164*	0.435**	0.431**	0.406**	0.290**	0.539**	—						
性别	-0.015	-0.096	-0.114	-0.033	-0.039	-0.169*	-0.023	-0.023	-0.042	-0.136	-0.121	-0.182	-0.082	-0.136	—					
年龄	-0.120	-0.049	-0.030	-0.031	-0.016	-0.118	0.008	0.005	0.088	0.019	0.024	0.001	0.054	0.099	0.146**	—				
学历	0.094	0.175	0.107	0.146	0.182	0.257	0.106	0.131	0.013	0.035	0.058	0.151	0.056	0.165	-0.049	-0.143**	—			
职务	0.082	0.113	0.135	0.082	0.040	0.095	0.154	-0.016	0.158	-0.005	0.067	0.077	0.214	0.028	-0.209**	0.502**	0.040**	—		
规模	0.074	0.122	0.098	0.065	0.179	0.059	-0.009	0.161	0.060	0.085	0.022	0.076	0.063	0.100	-0.171*	-0.071*	0.085**	-0.172**	—	
工作年限	-0.083	-0.005	0.016	0.031	0.102	-0.173	0.007	-0.004	0.282	0.086	-0.042	-0.097	0.039	0.046	0.215	0.508**	-0.245	0.301	0.028	—
职业类型	-0.004	0.044	0.043	0.106	0.072	-0.054	-0.017	0.023	-0.135	0.090	-0.037	0.014	0.094	0.094	0.200	0.045	-0.144	-0.057	0.071	0.047

注：* 表示 $p<0.05$；** 表示 $p<0.01$；*** 表示 $p<0.001$。

自我中心性倾向与交易型领导力（r = 0.170，p < 0.05）和变革型领导力（r = 0.282，p < 0.01）呈正相关关系。

最后，人口统计变量与其他变量之间的相关关系中，性别、学历、职务、规模与其他变量呈现出相关关系，因此，整个分析过程中，把这些变量作为控制变量，回归分析中也对此进行控制后进行了分析。

第三节　验证假设

一　假设1：交易型领导力的效果

从相关关系分析可知，交易型领导力与个人知识共享行为和团队知识共享水平认知、个人业务绩效和团队业务绩效水平认知、个人创新行为和团队创新行为认知都呈正相关关系。因此，假设1-1、假设1-2和假设1-3全部得到支持。

（一）交易型领导力与个人知识行为和团队知识共享水平认知的回归分析

为了验证交易型领导力的权变奖励对个人知识共享行为与团队知识共享水平认知产生的影响程度，以变量之间的相关关系为基础，进行了回归分析。回归分析结果如表4-8所示。

表4-8　交易型领导力和个人知识共享行为和团队知识共享水平认知的回归分析（样本154份）

区分	变量名	个人知识共享行为				团队知识共享水平认知			
		模型1		模型2		模型1		模型2	
		β	T	β	T	β	T	β	T
	常数项		7.314***		6.069***		4.654***		3.051**
控制变量	性别	0.005	0.063	0.002	0.022	0.032	0.383	0.026	0.328
	学历	0.100	1.203	0.083	1.017	0.124	1.497	0.095	1.216
	职务	0.149	1.819	0.132	1.625	0.005	0.056	-0.025	-0.323
	规模	0.019	0.224	0.002	0.023	0.159	1.908	0.130	1.641

续表

区分	变量名	个人知识共享行为				团队知识共享水平认知			
		模型 1		模型 2		模型 1		模型 2	
		β	T	β	T	β	T	β	T
自变量	交易型领导力			0.189	2.351*			0.325***	4.211
	R²	0.033		0.068		0.041		0.144	
	F	1.263		2.147		1.587		4.960***	
	ΔR²	0.035				0.103			
	ΔF	5.526*				17.733***			

注：***表示 $p < 0.001$；**表示 $p < 0.01$；*表示 $p < 0.05$。

在控制人口统计变量的效应后回归分析结果显示，交易型领导力的权变奖励 F 值确定线性关系不显著，即对个人知识共享行为未产生显著影响。对团队知识共享水平认知的回归分析结果显示，交易型领导力的权变奖励对团队知识共享水平认知的影响达到显著的正向（β = 0.325，$p < 0.001$）影响，解释的方差变异量为 10.3%。

（二）交易型领导力与个人业务绩效和团队业务绩效水平认知的回归分析

为了验证直属上司交易型领导力对个人业务绩效与团队业务绩效水平认知产生的影响程度，以变量之间的相关关系为基础，进行了回归分析。回归分析结果如表 4 - 9 所示。

表 4 - 9　　交易型领导力对个人业务绩效和团队业务绩效
水平认知的回归分析（样本 154 份）

区分	变量名	个人业务绩效				团队业务绩效认知水平			
		模型 1		模型 2		模型 1		模型 2	
		β	T	β	T	β	T	β	T
控制变量	常数项		7.273***		5.897***		8.800***		7.191***
	性别	0.056	0.662	0.055	0.665	-0.125	-1.484	-0.126	-1.546
	学历	-0.009	-0.104	-0.027	-0.326	-0.022	-0.263	-0.045	-0.550
	职务	0.173	2.102*	0.154	1.906	0.051	0.614	0.027	0.342
	规模	0.102	1.223	0.080	0.973	0.078	0.933	0.051	0.620

续表

区分	变量名	个人业务绩效				团队业务绩效水平认知			
		模型1		模型2		模型1		模型2	
		β	T	β	T	β	T	β	T
自变量	交易型领导力			0.210*	2.617*			0.265**	3.315**
	R²	0.036		0.079		0.025		0.093	
	F	1.376		2.515*		0.945		3.005*	
	ΔR²			0.043				0.068	
	ΔF			6.851*				10.989**	

注：***表示 p < 0.001；**表示 p < 0.01；*表示 p < 0.05。

在控制人口统计变量的效应后回归分析结果显示，交易型领导力对个人业务绩效有显著的正向（β = 0.210，p < 0.05）影响，解释的方差变异量为 4.3%。

对团队业务绩效水平认知的回归分析结果显示，交易型领导力对团队业务绩效水平认知的影响达到显著的正向（β = 0.265，p < 0.01）影响，解释的方差变异量为 6.8%。

（三）交易型领导力与个人创新行为和团队创新行为水平认知的回归分析

为了验证直属上司交易型领导力对个人创新行为与团队创新水平认知产生的影响程度，以变量之间的相关关系为基础，进行了回归分析。回归分析结果如表 4 - 10 所示。

在控制人口统计变量的效应后回归分析结果显示，交易型领导力对个人创新行为有显著的正向（β = 0.240，p < 0.01）影响，解释的方差变异量为 5.6%。

对团队创新行为水平认知的回归分析结果显示，交易型领导力对团队创新行为水平认知有显著的正向（β = 0.327，p < 0.001）影响，解释的方差变异量为 10.5%。

表 4 – 10　　　　交易型领导力对个人创新行为和团队创新行为
水平认知的回归分析（样本 154 份）

区分	变量名	个人创新行为				团队创新行为水平认知			
		模型 1		模型 2		模型 1		模型 2	
		β	T	β	T	β	T	β	T
控制变量	常数项		7. 756 ***		6. 265 ***		6. 935 ***		5. 200 ***
	性别	– 0. 111	– 1. 312	– 0. 112	– 1. 358	– 0. 149	– 1. 799	– 0. 151	– 1. 917
	学历	0. 031	0. 365	0. 010	0. 122	0. 112	1. 357	0. 084	1. 070
	职务	0. 070	0. 839	0. 048	0. 597	0. 085	1. 046	0. 056	0. 729
	规模	0. 015	0. 184	– 0. 010	– 0. 118	0. 058	0. 703	0. 024	0. 304
自变量	交易型领导力			0. 240 **	2. 986 **			0. 327 ***	4. 261 ***
R^2		0. 020		0. 076		0. 055		0. 159	
F		0. 743		2. 409 *		2. 135		5. 540 ***	
ΔR^2		0. 056				0. 105			
ΔF		8. 913 **				18. 159 ***			

注：*** 表示 $p < 0.001$；** 表示 $p < 0.01$；* 表示 $p < 0.05$。

二　假设 2：变革型领导力增量效果

为了验证假设 2，变革型领导力比交易型领导力更能促进对个人知识共享行为与团队知识共享水平的认知，本书进行了分层多层回归分析来探讨变革型领导力、交易型领导力对知识共享的影响差异，用来比较自变量在预测因变量时对解释变异量的贡献性大小。如果让变量 1 进入回归模型的第一层，变量 2 进入第二层，模型 2 能比模型 1 解释更多的变异量，则说明自变量 1 比自变量 2 更能预测因变量。

具体来说，第一，把控制变量和交易型领导力投入到回归模型第一层；第二，把变革型领导力作为自变量投入后看其结果，是否对因变量的解释变异量因变革型领导力的再次投入而增加（增量）。

（一）变革型领导力对个人知识共享及团队知识共享水平认知的增量效果

如表 4 – 11 所示，在排除控制变量和交易型领导力后，随着变革型领导力的投入对个人知识共享行为和团队知识共享水平认知的影响程度，即解释的变异量增加 ΔR^2 为 0.265 及 0.113。该结果表明，变革型领导力对个人知识共享行为和团队知识共享水平认知的促进作用要好于交易型领导力，即对于个人知识共享行为和团队知识共享行为水平认知而言，变革型领导力比交易型领导力有额外的促进作用。

表 4 – 11　　变革型领导力对个人知识共享行为和团队知识共享
水平认知的增量效果 （样本 154 份）

区分	变量名	个人知识共享行为				团队知识共享水平认知			
		模型 1		模型 2		模型 1		模型 2	
		β	T	β	T	β	T	β	T
控制变量	常数项		6.069***		3.431***		3.051**		1.066
	性别	0.002	0.022	0.049	0.694	0.026	0.328	0.057	0.762
	学历	0.083	1.017	0.016	0.231	0.095	1.216	0.052	0.699
	职务	0.132	1.625	0.082	1.186	−0.025	−0.323	−0.058	−0.789
	规模	0.002	0.023	−0.044	−0.620	0.130	1.641	0.100	1.350
自变量	交易型领导力	0.189	2.351*	−0.346	−3.529**	0.325	4.211***	−0.024	−0.230
	变革型领导力			0.762	7.622***			0.496	4.706***
	R^2	0.068		0.333		0.144		0.257	
	F	2.147		12.168***		4.960***		8.419***	
	ΔR^2	0.265				0.113			
	ΔF	58.101***				22.146***			

注：***表示 $p < 0.001$；**表示 $p < 0.01$；*表示 $p < 0.05$。

（二）变革型领导力对个人业务绩效和团队业务绩效水平认知的增量效果

如表 4 – 12 所示，在排除控制变量和交易型领导力后，随着变革型领导力的投入对个人业务绩效和团队业务绩效水平认知的影响程度，即解释的变异量增加 ΔR^2 为 0.056 及 0.187。该结果表明，变革型领导力对个人业务绩效和团队业务绩效水平认知的促进作用要好于交易型领导力，即对于个人业务绩效和团队业务绩效水平认知而言，变革型领导力比交易型领导力有额外的促进作用。

表 4 - 12　　变革型领导力对个人业务绩效和团队业务绩效水平

认知的增量效果 （N = 154）

区分	变量名	个人业务绩效				团队业务绩效水平认知			
		模型 1		模型 2		模型 1		模型 2	
		β	T	β	T	β	T	β	T
控制变量	常数项		5.897***		4.353***		7.191***		4.956***
	性别	0.055	0.665	0.074	0.921	- 0.126	- 1.546	- 0.091	- 1.247
	学历	- 0.027	- 0.326	- 0.058	- 0.720	- 0.045	- 0.550	- 0.101	- 1.386
	职务	0.154	1.906	0.131	1.654	0.027	0.342	- 0.015	- 0.214
	规模	0.080	0.973	0.063	0.779	0.051	0.620	0.019	0.254
自变量	交易型领导力	0.210	2.617*	- 0.042	- 0.371	0.265	3.315**	- 0.196	- 1.893
	变革型领导力			0.355	3.066**			0.647	6.129***
	R^2	0.079		0.135		0.093		0.280	
	F	2.515*		3.783**		3.005*		9.392***	
	ΔR^2	0.056				0.187			
	ΔF	9.403**				37.565***			

注： ***表示 $p < 0.001$；**表示 $p < 0.01$；*表示 $p < 0.05$。

（三） 变革型领导力对个人创新行为和团队创新行为水平认知的增量效果

如表 4 - 13 所示，在排除控制变量和交易型领导力后，随着变革型领导力的投入对个人创新行为和团队创新行为水平认知的影响程度，即解释的变异量增加 ΔR^2 为 0.067 及 0.059。

该结果表明，变革型领导力对个人创新行为和团队创新行为水平认知的预测作用要好于交易型领导力，即对于个人创新行为和团队创新行为水平认知而言，变革型领导力比交易型领导力有额外的促进作用。

表4－13　变革型领导力对个人创新行为和团队创新行为水平

认知的增量效果（样本154份）

区分	变量名	个人创新行为				团队创新行为水平认知			
		模型1		模型2		模型1		模型2	
		β	T	β	T	β	T	β	T
控制变量	常数项		6.265***		4.618***		5.200***		3.625***
	性别	−0.112	−1.358	−0.091	−1.139	−0.151	−1.917	−0.131	−1.718
	学历	0.010	0.122	−0.024	−0.301	0.084	1.070	0.052	0.678
	职务	0.048	0.597	0.023	0.288	0.056	0.729	0.032	0.429
	规模	−0.010	−0.118	−0.029	−0.363	0.024	0.304	0.006	0.077
自变量	交易型领导力	0.240	2.986**	−0.036	−0.317	0.327	4.261***	0.068	0.634
	变革型领导力			0.388	3.370**			0.364	3.307**
	R^2	0.076		0.143		0.159		0.218	
	F	2.409*		4.042**		5.540***		6.753***	
	ΔR^2	0.067				0.059			
	ΔF	11.356**				10.934**			

注：***表示$p<0.001$；**表示$p<0.01$；*表示$p<0.05$。

三　假设3：知识共享行为对个人和团队业务绩效、创新行为效果

分析个人知识共享行为和团队知识共享水平认知、个人及团队绩效水平认知和个人及团队创新行为水平认知之间的皮尔森相关系数，其结果表明，它们之间均有较高的正相关关系。这结果表明，个人知识共享行为和团队知识共享水平认知分别显著地影响个人及团队业务绩效水平认知和个人及团队创新行为水平认知。也就是说，假设3得到了验证。

（一）个人知识共享行为对个人业务绩效和团队业务绩效水平认知的回归分析

表4－14是个人知识共享行为对个人业务绩效和团队业务绩效水

平认知的回归分析结果。

表 4 - 14 个人知识共享行为对个人业务绩效和团队业务绩效水平
认知的回归分析（样本 154 份）

区分	变量名	个人业务绩效				团队业务绩效水平认知			
		模型 1		模型 2		模型 1		模型 2	
		β	T	β	T	β	T	β	T
控制变量	常数项		7.273 ***		4.126 ***		8.800 ***		5.005 ***
	性别	0.056	0.662	0.050	0.643	− 0.125	− 1.484	− 0.133	− 1.836
	学历	− 0.009	− 0.104	− 0.048	− 0.620	− 0.022	− 0.263	− 0.075	− 1.046
	职务	0.173	2.102 *	0.114	1.474	0.051	0.614	− 0.030	− 0.411
	规模	0.102	1.223	0.098	1.272	0.078	0.933	0.073	1.016
自变量	个人知识共享行为			0.385 ***	5.045 ***			0.522 ***	7.335 ***
	R^2	0.036		0.179		0.025		0.288	
	F	1.376		6.374 ***		0.945		11.788 ***	
	ΔR^2	0.143				0.263			
	ΔF	25.452 ***				53.803 ***			

注：＊＊＊$p < 0.001$；＊＊$p < 0.01$；＊$p < 0.05$。

如表 4 - 14 所示，控制人口统计学变量之后回归分析结果显示，个人知识共享行为对个人业务绩效有显著的正向影响（β = 0.385，p < 0.001），其解释的方差变异量为 14.3%；个人知识共享行为对团队业务绩效水平认知有显著的正向影响（β = 0.522，p < 0.001），其解释的方差变异量为 26.3%。说明个人知识共享行为分别显著影响个人绩效和团队业务绩效水平认知。

（二）个人知识共享行为对个人创新行为和团队创新行为水平认知的回归分析

表 4 - 15 是个人知识共享行为对个人创新行为和团队创新行为水平认知的回归分析结果。

表 4 – 15　个人知识共享行为对个人创新行为和团队创新行为水平

认知的回归分析（样本 154 份）

区分	变量名	个人创新行为				团队创新行为水平认知			
		模型 1		模型 2		模型 1		模型 2	
		β	T	β	T	β	T	β	T
控制变量	常数项		7.756 ***		4.613 ***		6.935		4.208 ***
	性别	− 0.111	− 1.312	− 0.117	− 1.482	− 0.149	− 1.799	− 0.154	− 1.940
	学历	0.031	0.365	− 0.008	− 0.106	0.112	1.357	0.080	1.019
	职务	0.070	0.839	0.011	0.143	0.085	1.046	0.038	0.488
	规模	0.015	0.184	0.012	0.149	0.058	0.703	0.055	0.698
自变量	个人知识共享行为			0.380 ***	4.916 ***			0.304 ***	3.903 ***
	R^2	0.020		0.159		0.055		0.144	
	F	0.743		5.522 ***		2.135		4.920 ***	
	ΔR^2	0.139				0.089			
	ΔF	24.169 ***				15.234 ***			

注：＊＊＊表示 $p < 0.001$；＊＊表示 $p < 0.01$；＊表示 $p < 0.05$。

如表 4 – 15 所示，控制人口统计学变量之后回归分析结果显示，个人知识共享行为对个人创新行为有显著的正向影响（β = 0.380，$p < 0.001$），其解释的方差变异量为 13.9%；个人知识共享行为对团队创新行为水平认知有显著的正向影响（β = 0.304，$p < 0.001$），其解释的方差变异量为 8.9%。说明个人知识共享行为分别显著影响个人创新行为和团队创新行为水平认知。

（三）团队知识共享水平认知对个人业务绩效和团队业务绩效水平认知的回归分析

表 4 – 16 是团队知识共享水平认知对个人业务绩效和团队业务绩效水平认知的回归分析结果。

如表 4 – 16 所示，控制人口统计学变量之后回归分析结果显示，团队知识共享水平认知对个人业务绩效有显著的正向影响（β = 0.225，$p < 0.01$），其解释的方差变异量为 4.9%；团队知识共享水

平认知对团队业务绩效水平认知有显著的正向影响（$\beta = 0.431$，$p <$ 0.001），其解释的方差变异量为 17.9%。说明团队知识共享水平认知分别显著影响个人业务绩效和团队业务绩效水平认知。

表 4-16　团队知识共享水平认知对个人业务绩效和团队业务绩效水平

认知的回归分析（样本 154 份）

区分	变量名	个人业务绩效				团队业务绩效水平认知			
		模型 1		模型 2		模型 1		模型 2	
		β	T	β	T	β	T	β	T
控制变量	常数项		7.273***		5.956***		8.800***		7.025***
	性别	0.056	0.662	0.046	0.564	-0.125	-1.484	-0.143	-1.867
	学历	-0.009	-0.104	-0.037	-0.452	-0.022	-0.263	-0.076	-1.002
	职务	0.173	2.102***	0.171	2.127*	0.051	0.614	0.047	0.631
	规模	0.102	1.223	0.068	0.826	0.078	0.933	0.013	0.172
自变量	团队知识共享水平认知			0.225**	2.786**			0.431***	5.724***
	R²	0.036		0.085		0.025		0.204	
	F	1.376		2.703***		0.945		7.471***	
	ΔR²	0.049				0.179			
	ΔF	7.760***				32.763***			

注：***表示 $p < 0.001$；**表示 $p < 0.01$；*表示 $p < 0.05$。

（四）团队知识共享水平认知对个人创新行为和团队创新行为水平认知的回归分析

表 4-17 是团队知识共享水平认知对个人创新行为和团队创新行为水平认知的回归分析结果。

如表 4-17 所示，控制人口统计学变量之后回归分析结果显示，团队知识共享水平认知对个人创新行为有显著的正向影响（$\beta = 0.364$，$p < 0.001$），其解释的方差变异量为 12.7%；团队知识共享认知水平对团队创新行为水平认知有显著的正向影响（$\beta = 0.518$，$p < 0.001$），其解释的方差变异量为 25.7%。说明团队知识共享水平

认知分别显著影响个人创新行为和团队创新水平认知。

表 4 – 17　团队知识共享水平认知对个人创新行为和团队创新行为水平
认知的回归分析（样本 154 份）

区分	变量名	个人创新行为				团队创新行为水平认知			
		模型 1		模型 2		模型 1		模型 2	
		β	T	β	T	β	T	β	T
控制变量	常数项		7.756 ***		6.077 ***		6.935 ***		4.934 ***
	性别	− 0.111	− 1.312	− 0.126	− 1.589	− 0.149	− 1.799	− 0.171	−2.399 *
	学历	0.031	0.365	− 0.015	− 0.196	0.112	1.357	0.046	0.651
	职务	0.070	0.839	0.067	0.859	0.085	1.046	0.081	1.163
	规模	0.015	0.184	− 0.040	− 0.496	0.058	0.703	− 0.020	− 0.279
自变量	团队知识共享水平认知			0.364 ***	4.670 ***			0.518 ***	7.392 ***
	R^2	0.020		0.147		0.055		0.312	
	F	0.743		5.039 ***		2.135		13.260 ***	
	ΔR^2	0.127				0.257			
	ΔF	21.805 ***				54.640 ***			

注：*** 表示 $p < 0.001$；** 表示 $p < 0.01$；* 表示 $p < 0.05$。

四　假设 4：个人知识共享行为和团队知识共享水平认知的中介作用

本书研究中，为了验证中介变量个人知识共享行为、团队知识共享水平认知在自变量交易型领导力和变革型领导力中对因变量个人业务绩效和团队业务绩效水平认知、个人创新行为、团队创新行为水平认知之间是否起到了中介作用，我们进行了多层回归分析。

本书研究采用了巴伦和肯尼（1986）的方法，验证了个人知识共享行为、团队知识共享水平认知在自变量交易型领导力、变革型领导力和因变量个人业务绩效、团队业务绩效水平认知、个人创新行为、团队创新行为水平认知之间是否起到了中介作用。

根据巴伦和肯尼（1986）的方法，起中介作用要满足下列条件：

第一阶段，自变量能够显著地影响中介变量。

第二阶段，自变量能够显著地影响因变量。

第三阶段，自变量和中介变量同时考虑时，能够显著地影响因变量。

第四阶段，第二阶段中回归分析结果的回归系数要大于第三阶段回归分析结果的回归系数。这样，满足上述四个要求时，我们可以推论有中介作用。

以上述理论为依据，首先，考察了交易型领导力和变革型领导力对个人知识共享行为和团队知识共享水平认知之间的相关关系及回归分析结果。相关关系结果显示，$p < 0.01$ 的范围内达到了可接受水平。表 4-8 和表 4-11 的结果显示，满足第一阶段的要求。其次，考察了交易型领导力、变革型领导力与个人业务绩效、团队业务绩效水平认知、个人创新行为、团队创新行为水平认知的相关关系及回归分析结果。表 4-9、表 4-10、表 4-12、表 4-13 的结果显示，满足第二阶段要求。

在上述分析与结果的基础上，对是否具有中介作用做了进一步分析。

（一）个人知识共享行为在交易型领导力与个人业务绩效和团队业务绩效水平认知之间起到中介作用

如表 4-18 所示，在控制人口统计变量的情况下，首先，交易型领导力和个人知识共享行为同时考虑时对个人业务绩效（$\beta = 0.355$，$p < 0.001$）、团队业务绩效水平认知（$\beta = 0.486$，$p < 0.001$）具有显著的正向影响。

其次，个人知识共享行为在交易型领导力与个人业务绩效之间（$\beta = 0.210$，$p < 0.05$ 到 $\beta = 0.131$，$p > 0.05$ 递减）起到完全中介作用。个人知识共享行为在交易型领导力与团队业务绩效水平认知之间（$\beta = 0.265$，$p < 0.001$ 到 $\beta = 0.156$，$p < 0.05$ 递减）起到部分中介作用。

此结果说明，追随者越认为直属上司是交易型领导者时，个人知识共享行为将会增加，并带来个人业务绩效及团队业务绩效水平认知的提高。

表 4 – 18 个人知识共享行为在交易型领导力与个人业务绩效和团队
绩效水平认知之间起到中介作用 (样本 154 份)

区分	变量名	个人业务绩效				团队业务绩效水平认知			
		模型 1		模型 2		模型 1		模型 2	
		β	T	β	T	β	T	β	T
控制变量	常数项		5.897***		3.653***		7.191***		4.434***
	性别	0.055	0.665	0.050	0.646	-0.126	-1.546	-0.133	-1.860
	学历	-0.027	-0.326	-0.056	-0.729	-0.045	-0.550	-0.085	-1.194
	职务	0.154	1.906	0.107	1.391	0.027	0.342	-0.038	-0.532
	规模	0.080	0.973	0.085	1.100	0.051	0.620	0.057	0.800
自变量	交易型领导力	0.210*	2.617*	0.131*	1.691	0.265***	3.315**	0.156³	2.172*
中介变量	个人知识共享行为			0.355***	4.567***			0.486***	6.749***
	R²	0.079		0.195		0.093		0.310	
	ΔR²	0.116				0.217			
	F	2.515*		5.856***		3.005*		10.860***	

注: ***表示 $p < 0.001$; **表示 $p < 0.01$; *表示 $p < 0.05$。

（二）个人知识共享行为在交易型领导力与个人创新行为、团队创新行为水平认知之间起到中介作用

如表 4 – 19 所示，在控制人口统计变量的情况下，首先，交易型领导力和个人知识共享行为同时考虑时对个人创新行为（$\beta = 0.343$，$p < 0.001$）、团队创新行为水平认知（$\beta = 0.242$，$p < 0.01$）具有显著的正向影响。

其次，个人知识共享行为在交易型领导力与个人创新行为之间（$\beta = 0.240$，$p < 0.001$ 到 $\beta = 0.164$，$p < 0.05$ 递减）、个人知识共享行为在交易型领导力与团队创新行为水平认知之间（$\beta = 0.327$，$p < 0.001$ 到 $\beta = 0.273$，$p < 0.01$ 递减）起到部分中介作用。

此结果说明，追随者越认为直属上司是交易型领导者时，个人知识共享行为将会增加，并带来个人创新行为和团队创新行为水平认知

的提高。

表 4-19 个人知识共享行为在交易型领导力与个人创新行为和团队
创新行为水平认知之间起到中介作用（样本 154 份）

区分	变量名	个人创新行为				团队创新行为水平认知			
		模型 1		模型 2		模型 1		模型 2	
		β	T	β	T	β	T	β	T
控制变量	常数项		6.265***		4.059***		5.200***		3.438**
	性别	-0.112	-1.358	-0.117	-1.500	-0.151	-1.917	-0.154	-2.018*
	学历	0.010	0.122	-0.018	-0.239	0.084	1.070	0.063	0.833
	职务	0.048	0.597	0.002	0.032	0.056	0.729	0.024	0.315
	规模	-0.010	-0.118	-0.005	-0.065	0.024	0.304	0.027	0.356
自变量	交易型领导力	0.240***	2.986**	0.164*	2.101*	0.327***	4.261***	0.273**	3.569***
中介变量	个人知识共享行为			0.343***	4.373***			0.242**	3.150
R²		0.076		0.184		0.159		0.213	
ΔR²		0.108				0.054			
F		2.409*		5.444***		5.540***		6.553***	

注：***表示 $p < 0.001$；**表示 $p < 0.01$；*表示 $p < 0.05$。

（三）团队知识共享水平认知在交易型领导力与个人业务绩效和团队业务绩效水平认知之间起到中介作用

如表 4-20 所示，在控制人口统计变量的情况下，首先，交易型领导力和团队知识共享水平认知同时考虑时对个人业务绩效（$\beta = 0.170$，$p < 0.05$）、团队业务绩效水平认知（$\beta = 0.385$，$p < 0.001$）具有显著的正向影响。

其次，团队知识共享水平认知在交易型领导力与个人业务绩效之间（$\beta = 0.210$，$p < 0.05$ 到 $\beta = 0.149$，$p > 0.05$ 递减）、在交易型领导力与团队业务绩效水平认知之间（$\beta = 0.265$，$p < 0.001$ 到 $\beta = 0.125$，$p > 0.05$ 递减）起到完全中介作用。

此结果说明，追随者越认为直属上司是交易型领导者的时候，团队知识共享水平认知程度将会提高，并带来个人业务绩效及团队业务绩效水平认知的提高。

表 4 – 20　团队知识共享水平认知在交易型领导力与个人业务绩效和
团队业务绩效水平认知之间起到中介作用（样本 154 份）

区分	变量名	个人业务绩效				团队业务绩效水平认知			
		模型1		模型2		模型1		模型2	
		β	T	β	T	β	T	β	T
控制变量	常数项		5.897***		5.351***		7.191***		6.424***
	性别	0.055	0.665	0.048	0.589	-0.126	-1.546	-0.142	-1.857
	学历	-0.027	-0.326	-0.043	-0.527	-0.045	-0.550	-0.081	-1.070
	职务	0.154	1.906	0.158	1.975*	0.027	0.342	0.037	0.490
	规模	0.080	0.973	0.061	0.742	0.051	0.620	0.007	0.093
自变量	交易型领导力	0.210*	2.617*	0.149*	1.738	0.265***	3.315**	0.125*	1.558
中介变量	团队知识共享水平认知			0.170*	1.975*			0.385***	4.783***
	R^2	0.079		0.103		0.093		0.217	
	ΔR^2	0.024				0.124			
	F	2.515*		2.787*		3.005*		6.692***	

注：＊＊＊表示 $p < 0.001$；＊＊表示 $p < 0.01$；＊表示 $p < 0.05$。

（四）团队知识共享水平认知在交易型领导力与个人创新行为、团队创新行为水平认知之间起到中介作用

如表 4 – 21 所示，在控制人口统计变量的情况下，首先，交易型领导力和团队知识共享水平认知同时考虑时对个人创新行为（$\beta = 0.318$，$p < 0.001$）、团队创新行为水平认知（$\beta = 0.458$，$p < 0.001$）具有显著的正向影响。

团队知识共享水平认知在交易型领导力与个人创新行为之间（$\beta = 0.240$，$p < 0.001$ 到 $\beta = 0.125$，$p > 0.05$ 递减）起到完全中介作用。

团队知识共享水平认知在交易型领导力与团队创新行为水平认知之间（β=0.327，p<0.001 到 β=0.161，p<0.001 递减）起到部分中介作用。

此结果说明，追随者越认为直属上司是交易型领导者的时候，团队知识共享水平认知将会提高，并带来个人创新行为及团队创新行为水平认知的提高。

表 4-21　团队知识共享水平认知在交易型领导力与个人创新行为和团队创新行为水平认知之间起中介作用（样本 154 份）

区分	变量名	个人创新行为				团队创新行为水平认知			
		模型 1		模型 2		模型 1		模型 2	
		β	T	β	T	β	T	β	T
控制变量	常数项		6.265***		5.513***		5.200***		4.271***
	性别	-0.112	-1.358	-0.124	-1.578	-0.151	-1.917	-0.169	-2.403*
	学历	0.010	0.122	-0.020	-0.258	0.084	1.070	0.040	0.569
	职务	0.048	0.597	0.056	0.722	0.056	0.729	0.067	0.975
	规模	-0.010	-0.118	-0.046	-0.575	0.024	0.304	-0.028	-0.394
自变量	交易型领导力	0.240***	2.986**	0.125*	1.510	0.327***	4.261***	0.161***	2.184*
中介变量	团队知识共享水平认知			0.318***	3.813***			0.458***	6.169***
	R^2	0.076		0.160		0.159		0.334	
	ΔR^2	0.084				0.175			
	F	2.409*		4.616***		5.540***		12.130***	

注：***表示 p<0.001；**表示 p<0.01；*表示 p<0.05。

（五）个人知识共享行为在变革型领导力与个人业务绩效和团队业务绩效水平认知之间起到中介作用

如表 4-22 所示，在控制人口统计变量的情况下，首先，变革型领导力和个人知识共享行为同时考虑时对个人业务绩效（β=0.300，p<0.01）、团队业务绩效水平认知（β=0.363，p<0.001）具有显著的正向影响。

表 4 – 22　个人知识共享行为在变革型领导力与个人样本绩效、团队
业务绩效水平认知之间起到中介作用（样本 154 份）

区分	变量名	个人业务绩效				团队业务绩效水平认知			
		模型 1		模型 2		模型 1		模型 2	
		β	T	β	T	β	T	β	T
控制变量	常数项		4.390***		3.433**		5.014***		3.876***
	性别	0.072	0.903	0.060	0.774	−0.100	−1.350	−0.114	−1.654
	学历	−0.057	−0.710	−0.064	−0.833	−0.097	−1.310	−0.106	−1.530
	职务	0.131	1.662	0.105	1.372	−0.014	−0.192	−0.046	−0.665
	规模	0.062	0.775	0.078	1.012	0.016	0.217	0.036	0.516
自变量	变革型领导力	0.324***	4.075***	0.168*	1.883	0.502	6.848***	0.314***	3.925***
中介变量	个人知识共享行为			0.300**	3.410**			0.363***	4.599***
	R²	0.135		0.199		0.262		0.356	
	ΔR²	0.064				0.094			
	F	4.539**		5.996***		10.370***		13.359***	

注：***表示 $p < 0.001$；**表示 $p < 0.01$；*表示 $p < 0.05$。

其次，个人知识共享行为在变革型领导力与个人业务绩效之间起到（$\beta = 0.324$，$p < 0.001$ 到 $\beta = 0.168$，$p > 0.05$ 递减）完全中介作用。个人知识共享行为在变革型领导力与团队业务绩效水平认知之间起到（$\beta = 0.502$，$p < 0.001$ 到 $\beta = 0.314$，$p < 0.001$ 递减）部分中介作用。

此结果说明，追随者越认为直属上司是变革型领导者的时候，个人知识共享行为将会增加，并带来个人业务绩效和团队业务绩效水平认知的提高。

（六）个人知识共享行为在变革型领导力与个人创新行为和团队创新行为水平认知之间起到中介作用

如表 4 – 23 所示，在控制人口统计变量的情况下，首先，变革型领导力和个人知识共享行为同时考虑时对个人创新行为（$\beta = 0.267$， p<0.01）有显著的正向影响。但对团队创新行为水平认知β值不在可接受范围之内，所以未起到预测作用，且不能分析中介作用。因此，个人知识共享行为在变革型领导力与个人创新行为之间（β = 0.362，p<0.001 到 β = 0.223，p<0.05 递减）起到部分中介作用。

此结果说明，追随者越认为直属上司是变革型领导者的时候，个人知识共享行为将会增加，并带来个人创新行为的增加。

表4-23　个人知识共享行为在变革型领导力与个人创新行为和团队
创新行为水平认知之间起到中介作用（样本154份）

区分	变量名	个人创新行为				团队创新行为水平认知			
		模型1		模型2		模型1		模型2	
		β	T	β	T	β	T	β	T
控制变量	常数项		4.655***		3.766***		3.604***		3.070**
	性别	-0.092	-1.163	-0.103	-1.336	-0.128	-1.687	-0.134	-1.762
	学历	-0.023	-0.292	-0.030	-0.386	0.050	0.658	0.047	0.618
	职务	0.023	0.292	0.000	-0.004	0.032	0.423	0.021	0.274
	规模	-0.029	-0.370	-0.015	-0.192	0.007	0.089	0.014	0.181
自变量	变革型领导力	0.362***	4.575***	0.223*	2.492*	0.414	5.482***	0.348	3.968***
中介变量	个人知识共享行为			0.267**	3.024**			0.129	1.489
	R^2	0.143		0.194		0.216		0.228	
	ΔR^2	0.051				0.012			
	F	4.861***		5.801***		8.056***		7.139***	

注：***表示p<0.001；**表示p<0.01；*表示p<0.05。

（七）团队知识共享业务水平认知在变革型领导力与个人业务绩效和团队业务绩效水平认知之间起到中介作用

如表4-24所示，在控制人口统计变量的情况下，首先，变革型领导力和团队知识共享水平认知同时考虑时对个人业务绩效没有起到预测作用，因此不能分析其中介作用。变革型领导力和团队知识共享

水平认知同时考虑时，对团队业务绩效水平认知（β = 0.249，p <
0.01）具有显著的正向影响。

同时，团队知识共享水平在变革型领导力与团队业务绩效水平认
知之间（β = 0.502，p < 0.001 到 β = 0.380，p < 0.001 递减）起到部
分中介作用。

此结果说明，追随者越认为直属上司是变革型领导者的时候，团
队知识共享水平认知程度将会提高，并带来团队业务绩效水平认知的
提高。

表 4 - 24　团队知识共享水平认知在变革型领导力与个人业务绩效和团队业务绩效水平认知之间起到中介作用（样本 154 份）

区分	变量名	个人业务绩效				团队业务绩效水平认知			
		模型 1		模型 2		模型 1		模型 2	
		β	T	β	T	β	T	β	T
控制变量	常数项		4.390***		4.291***		5.014***		4.885***
	性别	0.072	0.903	0.066	0.825	-0.100	-1.350	-0.116	-1.614
	学历	-0.057	-0.710	-0.062	-0.770	-0.097	-1.310	-0.110	-1.533
	职务	0.131	1.662	0.136	1.723	-0.014	-0.192	0.000	-0.004
	规模	0.062	0.775	0.054	0.668	0.016	0.217	-0.007	-0.090
自变量	变革型领导力	0.324	4.075***	0.279	3.074**	0.502***	6.848***	0.380***	4.672***
中介变量	团队知识共享水平认知			0.092	1.023			0.249***	3.099**
R²		0.135		0.141		0.262		0.308	
ΔR²		0.006				0.046			
F		4.539**		3.958**		10.370***		10.752***	

注：***表示 p < 0.001；**表示 p < 0.01；*表示 p < 0.05。

（八）团队知识共享水平认知在变革型领导力与个人创新行为和
团队创新行为水平认知之间起到中介作用

如表 4 - 25 所示，在控制人口统计变量的情况下，首先，变革型

领导力和团队知识共享水平认知同时考虑时对个人创新行为（β =
0.250，p < 0.01）、团队创新行为水平认知（β = 0.417，p < 0.001）
具有显著的正向影响。

表 4 – 25　团队知识共享水平认知在变革型领导力与个人创新行为和团队
创新行为水平认知之间起到中介作用（样本 154 份）

区分	变量名	个人创新行为				团队创新行为水平认知			
		模型 1		模型 2		模型 1		模型 2	
		β	T	β	T	β	T	β	T
控制变量	常数项		4.655 ***		4.514 ***		3.604 ***		3.473 **
	性别	− 0.092	− 1.163	− 0.109	− 1.400	− 0.128	− 1.687	− 0.156	− 2.227 *
	学历	− 0.023	− 0.292	− 0.037	− 0.471	0.050	0.658	0.028	0.395
	职务	0.023	0.292	0.037	0.478	0.032	0.423	0.055	0.793
	规模	− 0.029	− 0.370	− 0.052	− 0.665	0.007	0.089	− 0.031	− 0.440
自变量	变革型领导力	0.362 ***	4.575 ***	0.240 **	2.720 **	0.414 ***	5.482 ***	0.211 **	2.658 **
中介变量	团队知识共享水平认知			0.250 **	2.863 **			0.417 ***	5.320 ***
R^2		0.143		0.189		0.216		0.344	
ΔR^2		0.046				0.128			
F		4.861 ***		5.616 ***		8.056 ***		12.686 ***	

注：＊＊＊表示 p < 0.001；＊＊表示 p < 0.01；＊表示 p < 0.05。

团队知识共享水平认知在变革型领导力与个人创新行为之间（β =
0.362，p < 0.001 到 β = 0.240，p < 0.01 递减）、在变革型领导力与团
队创新行为水平认知之间（β = 0.414，p < 0.001 到 β = 0.211，p <
0.01 递减）起到部分中介作用。

此结果说明，追随者越认为直属上司是变革型领导者的时候，团
队知识共享水平认知将会提高，并带来个人创新行为及团队创新水平
认知的提高。

五　假设 5：他人中心性与自我中心性倾向的调节作用

所谓调节变量就是影响自变量和因变量之间关系的方向、程度的

变量。一般情况下，为了验证某个变量作为调节变量是否具有调节作用，根据巴伦和肯尼（1986）提出的方法，验证自变量和调节变量相互作用下对因变量是否产生正向影响，一般采用层次回归分析。

本书在研究层次回归分析过程中，首先控制人口统计变量（性别、学历、职务、规模）、投入自变量和调节变量。其次控制投入自变量和调节变量相乘的变量，查看其解释力的变化，即 R^2 的变化量。

（一）他人中心性倾向对领导力与个人知识共享行为和团队知识共享水平认知之间的调节作用

首先，为了验证调节变量他人中心性倾向对领导力与个人知识共享行为和团队知识共享性水平认知之间是否起到调节作用，进行了回归分析。其结果如表 4-26 所示。

表4-26　他人中心性倾向对领导力与个人知识共享行为和团队
知识共享水平认知之间的调节作用（样本154份）

区分	变量名	个人知识共享行为		团队知识共享行为认知	
		β	T	β	T
控制变量	常数项		0.954		0.859
	性别	0.069	1.001	0.071	0.949
	学历	0.030	0.439	0.054	0.720
	职务	0.047	0.683	-0.049	-0.656
	规模	-0.047	-0.686	0.097	1.288
自变量	交易型领导力	-1.323	-2.036*	-0.794	-1.115
	变革型领导力	1.177	2.218*	0.792	1.362
调节变量	他人中心性	0.138	0.380	-0.228	-0.572
调节作用变量	变革型领导力×他人中心性	-1.128	-1.290	-0.572	-0.596
R^2		0.394		0.271	
F		10.237***		5.873***	

注：***表示 $p<0.001$；**表示 $p<0.01$；*表示 $p<0.05$。

表4-26显示，他人中心性倾向对领导力与个人知识共享行为和

团队知识共享水平认知之间起调节作用的假设没有得到验证。

说明他人中心性倾向越强，变革型领导力对个人知识共享行为和团队知识共享水平认知的促进作用更显著的假设 5－1 和假设 5－2 未得到支持。

（二）个人中心性倾向对领导力与个人知识共享行为和团队知识共享水平认知之间的调节作用

首先，为了验证调节变量个人中心性倾向对领导力与个人知识共享行为和团队知识共享水平认知之间是否起到调节作用，进行了回归分析。其结果如表 4－27 所示。

表 4－27　个人中心性倾向对领导力与个人知识共享行为和团队
知识共享水平认知之间的调节作用（N＝154）

区分	变量名	个人知识共享行为		团队知识共享水平认知	
		β	T	β	T
控制变量	常数项		－ 1.626		－ 1.380
	性别	0.069	0.998	0.068	0.926
	学历	0.031	0.444	0.060	0.807
	职务	0.081	1.172	－ 0.048	－ 0.651
	规模	－ 0.087	－ 1.245	0.066	0.886
调节变量	个人中心性	1.140	2.562 *	0.835	1.766
调节作用变量	交易型领导力×个人中心性	1.923	1.822	2.488 *	2.221 *
R²		0.378		0.298	
F		9.574 ***	6.707 ***		

注：＊＊＊表示 p＜0.001；＊＊表示 p＜0.01；＊表示 p＜0.05。

表 4－27 显示，个人中心性倾向在领导力与个人知识共享之间关系中，交易型领导力×个人中心性倾向调节作用的假设未得到验证。与团队知识共享水平认知之间的关系中，交易型领导力×个人中心性倾向（β＝2.488，p＜0.05）的统计分析结果在可接受范围之内，也就是说，个人中心性倾向对团队知识共享水平认知起调节作用。

这说明，个人中心型性倾向越强，交易型领导力比变革型领导力更能预测团队知识共享水平认知程度的假设 5 - 4 得到支持。同时，个人中心性倾向越强，交易型领导力比变革型领导力更能促进个人知识共享行为的假设 5 - 3 没有得到支持。

根据表 4 - 27 的结果，个人中心性倾向在交易型领导力与团队知识共享水平认知之间的调节作用用坐标表示出来。图 4 - 1 是用如下方法得出的结果。第一，调节变量个人中心性倾向以中位数为准，分为个人中心性倾向高与低两组；第二，在每个分组里自变量即交易型领导力以中位数为准，分为高与低两个组；第三，通过 T 检验求各个组的平均，并把结果表示在坐标中。

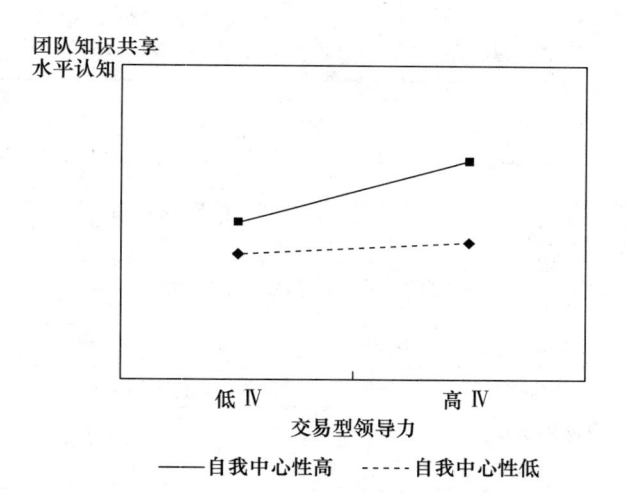

图 4 -1   个人中心性倾向的调节作用

第四节   总结假设验证结果

本书验证研究所设模型相关假设的结果汇总如表 4 - 28、表 4 - 29 和表 4 - 30 所示。

表 4 – 28 假设验证结果

假设	自变量	因变量	中介变量	相关关系	回归分析	增量效果回归分析
假设 1：交易型领导力效果						
1 – 1	交易型领导力	个人知识共享行为	—	○	×	—
		团队知识共享水平认知	—	○	○	—
1 – 2	交易型领导力	个人业务绩效	—	○	○	—
		团队业务绩效水平认知	—	○	○	—
1 – 3	交易型领导力	个人创新行为	—	○	○	—
		团队创新行为水平认知	—	○	○	—
假设 2：变革型领导力增量效果						
2 – 1	变革型领导力	个人知识共享行为	—	○	—	○
		团队知识共享水平认知	—	○	—	○
2 – 2	变革型领导力	个人业务绩效	—	○	—	○
		团队业务绩效水平认知	—	○	—	○
2 – 3	变革型领导力	个人创新行为	—	○	—	○
		团队创新行为水平认知	—	○	—	○
假设 3：知识共享与个人及团队业务绩效和创新行为回归效果						
3 – 1	个人知识共享行为	个人业务绩效	—	○	○	—
		团队业务绩效水平认知	—	○	○	—
3 – 2	团队知识共享水平认知	个人创新行为	—	○	○	—
		团队创新行为认知	—	○	○	—

注：○表示支持；×表示不支持。

表 4 – 29 假设验证结果

区分	变量名			
假设	中介变量	因变量	自变量	
			交易型领导力	变革型领导力
假设 4：个人知识共享行为和团队知识共享水平认知的中介作用				
4 – 1	个人知识共享行为	个人业务绩效	○	—
		团队业务绩效水平认知	△	—

续表

区分	变量名			
假设	中介变量	因变量	自变量	
			交易型领导力	变革型领导力
4－1	个人知识共享行为	个人创新行为	△	—
		团队创新行为水平认知	△	—
4－2	团队知识共享水平认知	个人业务绩效	○	—
		团队业务绩效水平认知	○	—
		个人创新行为	○	—
		团队创新行为水平认知	△	—
4－3	个人知识共享行为	个人业务绩效	—	○
		团队业务绩效水平认知	—	△
		个人创新行为	—	△
		团队创新行为水平认知	—	×
4－4	团队知识共享水平认知	个人业务绩效	—	×
		团队业务绩效水平认知	—	△
		个人创新行为	—	△
		团队创新行为水平认知	—	△

注：○表示完全中介；△表示部分中介；×表示不支持。

表 4－30　　　　　　　　　假设验证结果

假设	调节变量	自变量	因变量	调节作用
假设 5：他人中心性与个人中心性倾向的调节作用				
5－1	他人中心性	变革型领导力	个人知识共享行为	×
5－2			团队知识共享水平认知	×
5－3	个人中心性	交易型领导力	个人知识共享行为	×
5－4			团队知识共享水平认知	○

注：○表示调节；×表示不支持。

第五章　结论

第一节　研究结论

领导不仅是一项技能或是一种理论知识，而且是一种基于知识、经验、领悟力以及直觉的、充满道德观及目标性的行为（Kodishis，2006）。领导者为组织达到目标提供了方向，并且推动目标实施过程，在很多情况下，领导者都要为组织成员率先做出道德示范，进而引领和塑造整个群体或组织的氛围。在中国情境下，高权力距离的文化使领导者的特质、行为、观点对员工的行为和观点以及组织运营管理都产生显著的影响。

本书对于知识经营重要活动之一知识分享，从人为的角度即领导力角度以对此产生的影响研究在中国境内的韩资企业中直属上司的领导力（交易型领导力和变革型领导力）对知识共享（个人知识共享行为和团队知识共享水平认知）和组织绩效（个人业务绩效、团队业务绩效水平认知、个人创新行为和团队创新行为水平认知）的影响为目的，进行了模型设计以及验证。

本书基于知识管理理论和社会交换理论，建立了交易型领导力和变革型领导力对知识共享行为、组织绩效的关系模型。并考察了追随者的文化倾向对此行为的调节作用机制。从个人层面和团队层面（个人对团队行为的认知水平）进行多角度分析，不仅设计和验证了个人层面上各个变量之间的关系，而且还考察了团队层面上各个变量之间的关系。为了验证其假设，使用了统计分析方法。本书研究得到的研究结论如下：

第一，直属上司的交易型领导力显著正向地促进追随者个人知识共享行为、团队知识共享水平认知、个人业务绩效、团队业务绩效水平认知、个人创新行为、团队创新行为认知水平。因此，假设1全部得到了支持。

分析结果显示，可以通过提供交易型领导力即权变奖励来促进追随者及员工积极的知识共享行为，以此提高个人及团队业务绩效水平，促进创新行为。

第二，变革型领导力比交易型领导力更能促进个人知识共享行为与团队知识共享水平认知、个人业务绩效与团队业务绩效水平认知、个人创新行为与团队创新行为水平认知，假设2全部得到了支持。

分析结果显示，组织中通过命令、规则以及控制等方法也能促进知识共享行为。但是，如果直属上司在组织中发挥变革型领导力，这将带来员工积极的知识共享行为，并且其效果超过交易型领导力。对于个人及团队业务绩效水平认知和个人与团队创新行为来说，变革型领导力比交易型领导力具有增幅（更大）效果。

第三，个人知识共享行为和团队知识共享水平认知能够促进个人业务绩效与团队业务绩效、个人创新行为与团队创新行为水平认知，假设3全部得到了支持。

分析结果显示，在跨国企业内部可以通过个人积极的知识共享行为与团队知识共享认知水平提高来影响个人及团队业务绩效水平认知、个人及团队创新行为。

第四，个人知识共享行为与团队知识共享水平认知在交易或变革型领导力与个人业务绩效、团队业务绩效水平认知，个人创新行为、团队创新行为水平认知之间中介作用的验证结果显示，根据个人知识共享行为及团队知识共享水平认知的分析角度不同，显现出不同的结果。

首先，个人知识共享行为在交易型领导力与个人及团队业务绩效水平认知、创新行为之间中介作用方面的验证结果显示，对个人业务绩效起到完全中介作用，对团队业务水平认知与个人创新行为、团队创新水平认知起到部分中介作用。

团队知识共享水平认知在交易型领导力与个人及团队业务绩效水平认知和创新行为之间媒介作用方面的验证结果显示，对个人业务绩效与团队业务绩效水平认知、个人创新行为起到完全中介作用，对团队创新行为水平认知起到部分中介作用。

其次，个人知识共享行为在变革型领导力与个人及团队业务绩效水平认知、创新行为之间中介作用方面的验证结果显示，对个人业务绩效起到完全中介作用，对团队业务水平认知、个人及创新行为之间起到部分中介作用，对团队创新行为水平认知未起到中介作用。

团队知识共享水平认知在变革型领导力与个人及团业务队绩效水平认知、创新行为之间中介作用方面的验证结果显示，对个人业务绩效未能起到中介作用，对团队业务水平认知、个人及团队创新行为认知之间起到部分中介作用。

第五，验证调节变量他人中心性倾向对领导力与个人知识共享行为、团队知识共享水平认知之间是否起到调节作用的验证结果显示，他人中心性倾向对领导力与个人知识共享行为、团队知识共享水平认知之间起到调节作用没有得到验证。

这说明他人中心性倾向越强，变革型领导力对个人知识共享行为及团队知识共享认知水平的促进作用更显著的假设 5 - 1 和假设5 - 2 未得到支持。

个人中心性倾向在领导力与个人知识共享行为之间关系中，交易型领导力 × 个人中心性倾向起到调节作用的假设未得到验证。与团队知识共享水平认知之间的关系，交易型领导力 × 个人中心性倾向的统计分析结果在可接受范围之内，也就是个人中心性倾向对团队知识共享认知水平起到调节作用。

这说明，个人中心性倾向越强，交易型领导力比变革型领导力更能促进团队知识共享水平认知程度的假设 5 - 4 得到支持。同时，个人中心性倾向越强，交易型领导力比变革型领导力更能促进个人知识共享行为的假设 5 - 3 没有得到支持。

第二节　对管理者启示

本书所研究的变革型领导力和交易型领导力正是通过领导者的引领及深入影响作用来达到组织内个人知识共享、团队知识共享水平认知以及组织绩效显著提高效果。

基于本书实证研究结果，本书对管理者的启示有以下五个方面：

第一，本书验证交易型领导力对个人知识共享行为、团队知识共享水平认知、个人业务绩效、团队业务绩效水平认知、个人创新行为、团队创新行为水平认知等产生的影响。研究结果显示，交易型领导力对上述变量起到正向影响。

基于此研究结论，为了促使跨国企业知识管理与知识共享、提高组织绩效，领导者可以采用适当的权变奖励来引导追随者的行为。虽然跨文化环境下知识共享涉及语言障碍、价值观、宗教、信仰等诸多问题，但不管在什么环境下，交易型领导力的权变奖励可以促进知识共享行为。因此，在今后的管理工作中，领导者可以通过交易型领导力的权变奖励来诱导和引导员工积极的知识共享态度与行为。

第二，验证了变革型领导力与交易型领导力相比，在跨国企业环境中具有增幅效果。验证结果显示，对于跨国企业的中国员工来说，变革型领导力与交易型领导力相比，更能促进员工个人的知识共享行为，提高团队知识共享水平认知。

基于此研究结论，实践管理中，跨国企业领导者要充分发挥其变革型领导力来激发员工知识共享的行为，形成一种学习型组织氛围。变革型领导力会通过个性化关怀，让下属建立一种感情支持，满足个人不同的情感需求；变革型领导力会通过智力激发，开阔员工思维视野；愿景激励为员工刻画令人向往的一种愿景，使员工对目标充满憧憬。因此，达到一种愿意奉献本人的知识，提高团队整体绩效以及创新的主动行为。这种方式，在跨国企业中，同样受其他文化因素干扰而发挥作用。社会交换理论、社会资本理论、社会认知理论等理论都能充分说明和解释变革型领导力对知识共享行为的作用机制。

同时，作为企业人力资源部门以及相关部门要加强对领导者的教育、培训，提高领导者的变革型领导力水平。

第三，组织可以通过知识管理来提高组织绩效。通过验证得出结果认为，跨国企业员工的个人知识共享行为以及团队知识共享水平认知可以提高个人和组织绩效、创新行为。

在今后的管理中，企业可以多给员工创造知识共享的氛围和学习型组织文化。比如，可以考虑设立"文化协调员"。"文化协调员"的任务是通过跨文化培训、情景模拟、团队学习等方式来学习对方的文化以及语言等，尽量减少知识共享过长中的各种障碍，最终达到提高个人与组织业务与创新水平的最终目标。

第四，本书验证了在跨国企业环境中个人知识共享行为与团队知识共享水平认知的中介作用。

个人知识共享行为与团队知识共享水平认知在交易或变革型领导力与个人业务绩效、团队业务绩效水平认知，个人创新行为、团队创新行为水平认知之间中介作用的验证结果显示，分析角度不同，会得出不同的结果。

首先，个人知识共享行为与团队知识共享水平认知在交易型领导力与个人业务绩效、团队业务绩效水平认知、个人创新行为、团队创新行为水平认知之间起到了部分或完全中介作用。因此，在管理工作中，领导者通过发挥交易型领导力，可以更好地促进知识管理，提高个人以及组织绩效水平。

其次，个人知识共享行为在变革型领导力与个人业务绩效、团队业务绩效水平认知、个人创新行为之间起到了部分或完全中介作用。团队知识共享水平认知在变革型领导力与团队绩效水平认知、个人创新行为、团队创新行为水平认知的关系中起到了部分中介作用。

因此，在管理工作中，领导者要主动通过发挥变革型领导力，更好地促进知识管理，提高个人以及组织的绩效水平。

第五，本书对跨国企业，特别是具有不同文化背景领导者与员工所组成的团队中，寻找领导力方式与个人文化倾向的配对方式，对实际管理工作有很好的借鉴作用。

本书研究中，他人中心性倾向对领导力与知识共享关系中的调节作用未得到验证。根据霍夫斯特德的研究，中国属于集体主义文化圈，在集体主义文化圈中，他人中心性倾向者积极接受内部的规则与规范，也不对此表示任何疑问。同时，舍夫（Shei，1956）研究团队规范对个人认知所产生的影响，研究结果显示，在他人中心主义倾向者团队中，团队规范使团队成员的一切认知判断结果与行为保持一致。这表明他人中心主义性倾向者的认知水平以及行为是根据自己所属团队的规则而形成的，受领导者领导力影响较少。根据琼格（Jung，1995）的研究，他人中心性倾向的员工对领导者的目的、共同目的、组织或团队使命的共享等一视同仁，对领导者表现出极高的热情与忠诚。因此，对领导者领导力的认知有可能缺乏客观性，促进调节效果未能体现出来。

在本书研究中，个人中心性倾向在领导力和知识共享行为关系调节中，对于交易型领导力与个人知识共享行为中的调节作用未得到支持，其他与团队知识共享水平认知之间的调节作用得到了验证。随着世界各国经济发展，文化多变复杂，很多研究显示，集体主义国家或个人转变到个人主义倾向所有者。有研究认为，越来越高的国民收入与个人主义有很大的影响。也有研究认为，个人主义倾向者按照自己的喜好以及费用效果分析结果来行动，因此，对领导者的领导力认知以及行为可以做出比较客观的判断。

总之，员工的他人中心性—个人中心性倾向不仅对领导力方式产生影响，而且可以与适当的领导力类型相结合，对知识共享产生影响。

第三节　不足及展望

总的来说，本书研究的不足及对未来的研究展望大致有以下四个方面：

第一，本书只以进入中国的韩国企业为实证研究对象。今后的研究中可以考虑美国、日本等不同国家不同产业的企业，研究成果将更具有实践指导意义。

第二，本书没有严格控制产业。但是，根据不同产业，知识共享的重要性会有所不同，今后的研究可以考虑按照其产业（控制变量或调节变量）进行更深入的研究。

第三，本书主要分析他人中心性—自我中心性倾向的调节作用。今后的研究可以考虑在跨国企业工作的不同国家、不同文化背景下文化的特征。

第四，本书从个人以及团队角度去分析和验证理论模型和假设。今后的研究可以考虑以在组织层面上的数据为样本，进行更深入的比较分析。

附录　调查问卷

一　领导力（变革型领导力和交易型领导力）

1. 我的上司讲述他认为最为重要的价值观和信念。

2. 我的上司使我产生与他一起工作的自豪感。

3. 我的上司明确强调应达成的目标是什么。

4. 我的上司超越他（她）个人利益，更重视集体利益。

5. 我的上司的行为足以受人尊重。

6. 我的上司做出决策时会考虑道德或伦理问题（结果）。

7. 我的上司展示出自身的权利和自信心。

8. 我的上司强调要有共同的使命感。

9. 我的上司以乐观态度描述未来。

10. 我的上司给予员工能完成目标的信心。

11. 我的上司向我们展示未来的目标。

12. 我的上司向我们展示能完成目标的信心。

13. 我的上司对理所当然的问题，也会对其恰当性提出问题并对其进行检讨。

14. 我的上司在解决问题上摸索与现阶段不同的有创意的方法。

15. 我的上司提示我，以不同的角度去观察问题。

16. 我的上司会提示我，通过找出新的方法来完成任务。

17. 我的上司在教育和指导方面投入很多时间。

18. 我的上司认为，我是一个具有主观判断能力的人。

19. 我的上司对我独有的需求、能力和热情给予认可。

20. 我的上司对我培养专业知识给予帮助。

21. 我的上司对认真工作的人，会以各种方式给予补偿。

22. 我的上司对于是谁取得的成果会具体讨论。

23. 我的直属上司明确告诉我们达到目标后应能得到的利益或补偿。

24. 当我达到上司期待的目标时，他（她）会表示满意。

二　知识共享（个人知识共享行为和团队知识共享水平认知）

1. 我希望与同事在非正式场合（如吸烟、喝茶、联谊会活动等）交流关于公司或业务相关的新的情报或信息。

2. 我希望与同事通过定期举行聚会，交流多种信息、知识及经验。

3. 我会积极参加为公司发展及顾客满足的讨论。

4. 我希望定期与同事交换各种情报（如定期报告书、新闻资料等）。

5. 如果我们团队或部门出现重大问题时，我们全体成员愿意在最短的时间内积极参加为解决其问题而召开的会议。

6. 我认为市场状况及对于顾客的信息等资料，应该定期共享。

7. 我认为给同事提供与业务相关的信息或从别人处得到信息，不会对我的业务产生不好的影响。

8. 我认为给同事提供各种情报、知识，并从同事那里得到这些是理所当然的事情。

9. 我与公司内其他人共享执行业务所需要的信息和知识。

10. 我主动与公司内其他人共享我个人获得的经验或信息。

11. 我积极与同事分享知识。

12. 如果有人需要，我会随时把我所知道的知识提供给他。

13. 如果需要，我向同事要求提供知识。

14. 尽管我认为是非常重要的知识，我也会与同事共享。

15. 我们团队内成员之间相互定期交换知识。

16. 我们团队内成员之间共享知识是普遍的事情。

17. 我们团队内成员之间会相互提供新的知识、信息。

18. 我们团队内成员之间自由交换知识。

三　业务绩效（个人业务绩效和团队业务绩效）

1. 业务数量：规定时间内完成业务数量及业务成果。

2. 业务质量：处理业务的正确性及彻底性、被采纳程度等。

3. 业务知识：执行业务所需要的技术或知识保留及获得程度。

4. 执行业务的信赖度：按时完成业务的程度。

5. 我（个人）综合业务成果。

6. 数量上的业务成果或业绩。

7. 处理业务的正确性、彻底性和质量。

8. 部门提出的点子数或创新数。

9. 部门完成任务优越程度的评价。

10. 部门目标达成程度。

11. 部门运营效率性。

12. 部门成员整体士气。

四　创新行为（个人创新行为和团队创新行为水平认知）

1. 在业务方面，我寻找新的技术、方法、技巧或者点子。

2. 在实际工作中，我运用具有创意的想法。

3. 我告诉别人我的具有创新的想法，并使他们积极支持我。

4. 我寻找并确保为实行新的想法所需要的资源。

5. 为了实行创新的行为，我制订适当的日程和计划。

6. 我在部门做一些具有创新的行为。

7. 我们团队的成员追求关于新的技术、工程、产品的想法。

8. 我们团队的成员相互刺激并增进想法。

9. 我们团队的成员具有创新精神。

10. 我们团队的成员为了解决问题，试图用具有创意的方法或新的方法。

11. 工作中我们团队的成员按原样使用过去使用过的方式或道具。

五　个人文化倾向（他人中心性和自我中心性）

1. 我周围的人幸福了，我才会幸福。

2. 无论在何种竞争中，赢才是最重要的。

3. 我总是为了部门利益，牺牲我的个人利益。

4. 当其他人表现比我好时，总是令我烦恼。

5. 我做得比别人优秀，对于我来说非常重要。

6. 我喜欢与周围的人分享一些哪怕很细小的事情。

7. 好的合作者对于我来说非常重要。

8. 物竞天择（竞争是自然法则）。

9. 如果我的同事获得奖励，我会为此感到自豪。

10. 作为独一无二的个人，对我来说非常重要。

11. 当其他人表现比我优秀时，会激起我的斗志。

12. 有些人总是强调获胜，但我不属于这一类人。

13. 对于我来说，尊重团队决定是非常重要的。

14. 我宁可依靠自己也不靠别人。

15. 无论要有什么样的牺牲，家庭成员也应该紧紧团结在一起。

16. 父母和孩子应该尽可能待在一起。

17. 我的个性中，不依靠别人对于我来说非常重要。

18. 即使让我做出牺牲，我也要照顾好我的家庭。

19. 个人独特性对我来说非常重要。

20. 我是一个与别人不同的唯一存在。

21. 我作为团队中的成员，会尊重大多数人的意见。

22. 我是一个可以与其他人区分开的独特的人

23. 在做出决策前，我非常乐意咨询亲密的朋友，聆听他们的意见。

参考文献

［1］陈涛、朱智洺、王铁男：《组织记忆、知识共享与企业绩效》，《研究与发展管理》2015 年第 4 期。

［2］陈晓红、王思颖、杨立：《变革型领导行为对企业绩效的影响机制研究——基于我国中小企业领导人的问卷调查》，《科学学与科学技术管理》2012 年第 11 期。

［3］陈春花、苏涛、王杏珊：《中国情境下变革型领导与绩效关系的 Meta 分析》，《管理学报》2016 年第 13 期。

［4］陈永健：《变革型领导有效性、作用机制及其文化依存性》，硕士学位论文，复旦大学，2009 年。

［5］崔明哲、吴维库、金占明：《领导风格、民族文化与组织承诺之间的关系研究》，《科学管理与科学技术管理》2010 年第 12 期。

［6］胡萍、吴勇：《知识型企业员工知识共享行为作用机理的集成分析框架研究》，《科技管理研究》2014 年第 2 期。

［7］李保明、史帅斌：《知识领地行为、知识共享与个人创新关系模型研究》，《科技进步与对策》2016 年第 8 期。

［8］李超平：《变革型领导、家长式领导、PM 理论与领导有效性关系的比较》，《心理学研究》2007 年第 6 期。

［9］李贵泉、席酉民、刘海鑫：《变革型领导对知识共享的影响机制研究》，《科学学与科学技术管理》2014 年第 9 期。

［10］李宁琪、吴孟阳：《变革型领导、团队凝聚力与组织绩效关系的实证研究》，《工业技术经济》2015 年第 11 期。

［11］路琳、梁学玲：《知识共享在人际互动与创新之间的中介作用研究》，《南开管理评论》2009 年第 1 期。

［12］林子芬、孙锐：《内部社会资本对员工创新行为的影响研究——基于知识共享的中介作用》，《华东经济管理》2013 年第 12 期。

［13］任媛媛：《基于追随者行为模式的交易型领导者效能研究》，硕士学位论文，首都经济贸易大学，2015 年。

［14］沈玉志、刘立波：《动态能力对知识管理过程效力的影响机制》，《商业研究》2015 年第 12 期。

［15］王凤彬、陈建勋：《动态环境下变革型领导行为对探索式技术创新和组织绩效的影响》，《南开管理评论》2011 年第 11 期。

［16］阎海峰、陈灵燕：《承诺型人力资源管理实践、知识分享和组织创新的关系研究》，《南开管理评论》2010 年第 5 期。

［17］张杰：《社会资本影响员工创造力过程模型研究》，硕士学位论文，浙江大学，2007 年。

［18］朱慧、周根贵：《变革型领导行为有效吗？——基于 Meta 分析的变革型领导与组织绩效关系研究》，《管理评论》2016 年第 7 期。

［19］朱新楠：《组织承诺对企业创新绩效的影响研究：知识共享的中介作用分析》，《华东经济管理》，博士学位论文，安徽财经大学，2015 年。

［20］Aharoni, Y., 1971, "On the Definition of a Multinational Corporation", *Quarterly Review of Economics and Business*, 11 (3), pp. 27 – 37.

［21］Alavi, M., 1997, "KPMG Peat Marwick U. S. : One Giant Brain", Harvard Business School, Case 9 – 397 – 108.

［22］Alavi, M. and Leidner, D. E., 2002, "Knowledge Management Systems: Issues, Challenges and Benefits", In S. Branes, Knowledge Management Systems: Theory and Practice, London, Thomson Learning.

［23］Alter, S., 1992, "Information Systems: A Management Perspective", *Reading*, MA: Addison – Wesley.

［24］APQC, 1996, The American Productivity and Quality Centre, http：//www. apqc. org.

[25] Arora, R. , 2002, "Implementing KM：A Balanced Scorecard Approach", *Journal of Knowledge Management*, 6 (3), pp. 240 – 249.

[26] Bartol, K. M. , 1994, *Management*, USA：McGraw – Hill.

[27] Bass, B. M. and Avolio, B. J. , 1995, *The Multifactor Leadership Questionnaire*, Palo Alto, CA：Mind Garden.

[28] Bassi, L. J. , 1997, "Harnessing the Power of Intellectual Capital", *Training and Development*, 51 (12), pp. 25 – 30.

[29] Beckman, T. A. , 1997, "Methodology for Knowledge Management", In：Proc. IASTED Al and Software Computing Conference, ACTA Press, Banff, pp. 29 – 32.

[30] Beckman, T. , 1998, "Knowledge Management Seminar Notes", ITESM, Monterrey.

[31] Behery, M. , 2008, "Leadership, Knowledge Sharing and Organizational Benefits within the UAE", *Journal of American Academy of Business*, 12 (2), pp. 227 – 237.

[32] Brooking, A. , 1996, *Intellectual Capital : Core Asset for the Third Millennium Enterprise*, London, International Thompson Business Press.

[33] Carlucci, D. and Schiuma, G. , 2006, "Knowledge Asset Value Spiral：Linking Knowledge Assets to Company Performance", *Knowl Edge and Process Management*, 13 (1), pp. 35 – 46.

[34] Carmeli, A. , Atwater, L. and Levi, A. , 2011, "How Leadership Enhances Employees Knowledge Sharing：The Intervening Roles of Relational and Organizational Identification", *The Journal of Technology Transfer*, 36 (3), pp. 257 – 274.

[35] Cole, R. E. , 1998, "Introduction", *California Management Review*, 45 (3), pp. 15 – 21.

[36] Connelly, C. E. , Ford, D. P. , Turel, O. , Gallupe, B. and Zweig, D. , 2014, " 'I' m Busy (and Competitive)!' Anteced-

ents of Knowledge Sharing under Pressure", *Knowledge Management Research & Practice*, 12 (1), pp. 74 – 85.

[37] Davenport, T. H., 1998, Some Principles of Knowledge Management, http://www. bus. utexas. edu/kman/kmprin. htm#TOC (Accessed 12 August 2004).

[38] Deluga, R. J., 1988, "Relationship of Transformational and Transactional Leadership with Employee Influencing Strategies", *Group and Organizational Studies*, 13, pp. 456 – 467.

[39] Deluga, R. J., 1997, "Relationship among American Presidential Charismatic Leadership, Narcissism, and Rated Performance", *Leadership Quarterly*, 8, pp. 49 – 65.

[40] Demarest, M., 1997, "Understanding Knowledge Management", *Long Range Planning*, 30 (3), pp. 374 – 384.

[41] Drucker, P. F., 1985, Innovation and Entrepreneurship, Butterworth – Heinemann, Oxford.

[42] Dvir, T., Eden, D., Avolio, B. J. and Shamir, B., 2002, "Impact of Transformational Leadership on Follower Development and Performance: A Field Experiment", *Academy of Management Journal*, 45 (4), pp. 735 – 744.

[43] Ernst and Young, 1997, "Executive Perspectives on Knowledge in the Organization (Report)", Publisher: The Ernst & Young Center for Business Innovation and Business Intelligence.

[44] Ettlie, J. E. and O' Keefe, R. D., 1982, "Innovative Attitudes, Intentions, and Behaviors in Organizations", *Journal of Management Studies*, 19 (2), pp. 153 – 162.

[45] Gardner, W. L., Avolio, B. J., Luthans, F., May, D. R. and Walumbwa, F. O., 2005, " 'Can You See the Real Me?' A Self – based Model of Authentic Leader and Follower Development", *Leadership Quarterly*, 16, pp. 343 – 372.

[46] Gooijer, F. D., 2000, "Designing a Knowledge Management Per-

formance Framework", *Journal of Knowledge Management*, 4 (4),
pp. 303 – 310.

[47] Greenberg, J. , 1993, "Stealing in the Name of Justice: Informa-
tional and Interpersonal Moderators of Theft Reactions to Underpay-
ment Inequity", *Organizational Behavior and Human Decision Proces-
ses*, 54, pp. 81 – 103.

[48] Hansen, M. T. , 1996, "Knowledge Integration in Organizations",
Ph. D. dissertation, Stanford University.

[49] Hemphill, J. K. and Coons, A. E. , 1957, "Development of the
Leader Behavior Description Questionnaire", In R. M. Stogdill and
A. E. Coons (eds.), *Leader Behavior: Its Description and Measure-
ment*. Columbus: The Ohio State University, Bureau of Business Re-
search.

[50] Henderson, R. M. and Clark, K. B. , 1990, "Architectural Inno-
vation: The Reconfiguration of Existing Product Technologies and the
Failure of Established Firms", *Administrative Science Quarterly*, 35
(1), pp. 9 – 30.

[51] Hersey, P. and Blanchard, K. H. , 1982, *Management of Organi-
zation Behavior: Utilizing Human Resources* (4th ed.), Englewood
Cliffs, NJ: Prentice – Hall.

[52] Hiebeler, R. , 1996, "Benchmarking Knowledge Management",
Strategy and Leadership, 24 (2), p. 22.

[53] Hofstede, G. , 1984, *Culture's Consequences: International Differ-
ences in Work – related Values*, Newbury Park, CA: Sage.

[54] House, R. J. , 1993, "Toward the integration of Transformational,
Charismatic and Visionary Theories", In M. M. Chemers and R.
Ayman (eds.), *Leadership Theory and Research* (pp. 81 – 107),
San Diego, CA: Academic Press.

[55] House, R. J. , Hanges, P. J. , Ruiz – Quintanilla, S. A. , Dorf-
man, P. W. , Javidan, M. , Dickson, M. , Gupta, V. and Giobe,

1999, "Cultural Influences on Leadership and Organizations", *Advances in Global Leadership*, pp. 171 – 233, Stanford CT: JAI Press.

[56] Hudson, R. F., Lane, H. B. and Pullen, P. C., 2005, "Reading Fluency Assessment and Instruction: What, Why, and How?", *International Reading Association*, 58 (8), pp. 702 – 714.

[57] Huang, Q., Davison, R. M. and Gu, J., 2008, "Impact of Personal and Cultural Factors on Knowledge Sharing in China", *Asia Pacific J Manage*, 25, pp. 451 – 471.

[58] Hui, C. H., 1988, "Measurement of Individualism—collectivism", *Journal of Research on Personality*, 22, pp. 17 – 36.

[59] Jacobs, T. O. and Jaques, E., 1990, "Military Executive Leadership", In K. E. Clark and M. B. Clark (eds.), *Measures of Leadership* (pp. 281 – 295). West Orange, NJ: Leadership Library of America.

[60] Jennex, M. E. and Olfman, L., 2002, "Organizational Memory/ Knowledge Effects on Productivity, A Longitudinal Study", Proceedings of the 35th Annual Hawaii International Conference on System Sciences, IEEE Computer Society.

[61] Kagitcibasi, C. and Berry, J. W., 1989, "Cross – cultural Psychology: Current Research and Trends", *Annual Review of Psychology*, 40, pp. 493 – 531.

[62] Kaplan, R. S. and Norton, D. P., 2005, "The Office of Strategy Management", *Harvard Business Review*, pp. 72 – 80.

[63] Katz, D. and Kahn, R. L., 1978, *The Social Psychology of Organizations* (2nd ed.), New York: Wiley.

[64] Kostova, T., 1999, "Transnational Transfer of Strategic Organizational Practices: A Contextual Perspective", *Academy of Management Review*, 24 (2), pp. 308 – 324.

[65] Kramer, R., 1999, Chapter 8: Social Uncertainty and Collective

Paranoia in Knowledge Communities: Thinking and Acting in the Shadow of Doubt, In Thompson, L. , Levine, J. and Messick, D. , (eds.) Shared Cognition in Organizations: The Management of Knowledge, Lawrence Erlbaum Assoc, Publishers, Mahwah, NJ, 163 – 191.

[66] Lee, U. H. , Kim, H. K. and Kim, Y. H. , 2013, "Determinants of Organizational Citizenship Behavior and Its Outcomes", *Global Business and Management Research: An International Journal*, 5 (1), pp. 54 – 65.

[67] Leonard, D. and Sensiper, S. , 1998, "The Role of Tacit Knowledge in Group Innovation", *California Management Review*, 40 (3), pp. 112 – 125

[68] Liebeskind, J. P. , 1996, "Knowledge, Strategy, and the Theory of the Firm", *Strategic Management Journal*, 17, pp. 93 – 107

[69] Lin, R. S. and Hsiao, J. , 2014, "The Relationships between Transformational Leadership, Knowledge Sharing, Trust and Organizational Citizenship Behavior", *International Journal of Innovation, Management and Technology*, 5, pp. 171 – 174.

[70] Lin, Zi – Hua, 2009, "The World's Roaming in the Cloud: A Brief Discussion of New Technological Information 'Cloud Computing'", Taiwan: Graduate Studies, Department of Industry Technology Education, National Kaohsiung Normal University.

[71] Maslow, A. H. , 1943, "A Theory of Human Motivation", *Psychological Review*, 50 (4), pp. 370 – 396.

[72] McDermott, R. and O'Dell, C. , 2001, "Overcoming Cultural Barriers to Sharing Knowledge", *Journal of Knowledge Management*, 5 (1), pp. 76 – 85.

[73] Meyers, P. S. , 1996, Knowledge Management and Organizational Design: An Introduction, in Paul S. Meyers (ed.), *Knowledge Management and Organizational Design*, Boston: Butterworth –

Heinemann.

[74] Nonaka, I., 1995, *Knowledge – Creating Company*: *How Japanese Companies Create the Dynamics of Innovation*, Oxford University Press, pp. 3 – 19.

[75] O'Dell, C., 1996, "A Current Review of Knowledge Management Best Practices", Conference on Knowledge Management and the Transfer of Best Practices, Business Intelligence, London.

[76] Peters, T. and Austin, N., 1985, A Passion for Excellence: The Leadership Difference, New York: Random House.

[77] Pfeffer, J. and Sutton, R., 1999, "Knowing 'What' to Do Is Not Enough", *California Management Review*, 42 (1), pp. 83 – 108.

[78] Prusak, L., 1997, *Knowledge in Organisations*, Oxford: Butterworth – Heinemann.

[79] Rauch, C. F. and Behling, O., 1984, "Functionalism: Basis for Alternate Approach to the Study of Leadership", In J. G. Hunt, D. M. Hosking, C. A Schriesheim and R. Stewart (eds.) Leaders and Managers: International Perspectives on Managerial Behavior and Leadership, Elmsford, New York: Pergamon Press, pp. 45 – 62.

[80] Seltzer, J. and Bass, B. M., 1990, "Transformational Leadership: beyond Initiation and Consideration", *Journal of Management*, 16 (4), pp. 693 – 703.

[81] Shin, S. J., Kim, T. Y., Lee, J. Y. and Bian, L., 2012, "Cognitive team Diversity and Individual Team Member Creativity: A Cross – level Interaction", *Academy of Management Journal*, 55, pp. 197 – 212.

[82] Sinha, D. and Tripathi, R. C., 1990, Individualism in a Collective Culture: A Case of Coexistence of Dichotomies, Paper Presented at the International Conference on Individualism and Collectivism: Psycho – cultural Perspectives from East and West, Seoul.

[83] Stewart, T., 1997, Intellectual Capital: The New Wealth of Organization, Nicholas Brealey Publishing, *Business Digest*, New York.

[84] Triandis, H. C. , 1991, Manual of Instruments for the Study of Al-locentrism or Collectivism and Idiocentrism or Individualism, Unpub-lished manuscript, University of Illinois.

[85] Triandis, H. C. , Leung, K. , Villareal, M. and Clack, F. L. , 1985, "Allocentric vs Idiocentric Tendencies: Convergent and Dis-criminant Validation", *Journal of Research in Personality*, 19, pp. 395 – 415.

[86] Tylor, E. B. , 1870, *Researches in the Early History of Mankind*, 2nd Edition, Murray, London.

[87] Van de Ven, A. , 1986, "Central Problems in the Management of Innovation", *Management Science*, 32. pp. 590 – 607.

[88] Van de Ven, A. H. and Ferry, D. L. , 1980, *Measuring and Asses-sing Organizations*, New York: Wiley.

[89] Vroom, V. H. , 1964, *Work and Motivation*, San Francisco, CA: Jossey – Bass.

[90] Waldman, D. A. , 1987, Reducing the Incongruence between For-mal Organization and the Development of Individuals: A Case for Transformational Leadership. Paper Presented at the 47th Meeting of the Academy of Management, New Orleans, LA.

[91] Wang, G. , Oh, S. , Courtright, S. H. and Colbert, A. E. , 2011, "Transformational Leadership and Performance across Criteria and Levels: A Meta – analytic Review of 25 Years of Research", *Group & Organization Management*, 36 (2), pp. 223 – 270.

[92] Wang, Z. , Zhang, J. , Feng, J. and Chen, Z. , 2014, Knowledge graph Embedding by Translating on Hyperplanes, In Proceedings of the Twenty – Eighth AAAI Conference on Artificial Intelligence.

[93] Wayne, S. J. and Liden, R. C. , 1995, "Effects of Impression Management on Performance Ratings: A Longitudinal Study", *Acade-my of Management Journal*, 38, pp. 232 – 260.

[94] Wiewiora, A. , Trigunarsyah, B. , Murphy, G. and Coffey, V. ,

2013, "Organizational Culture and Willingness to Share Knowledge: A Competing Values Perspective in Australian Context", *International Journal of Project Management*, 38 (8), pp. 1163 – 1174.

[95] Wiig, K. M., 1997, "Knowledge Management: An Introduction and Perspective", *The Journal of Knowledge Management*, 1 (1), pp. 6 – 14.